Werner Braukmann

Die Facharbeit

POCKET TEACHER ABI

FÜR ALLE FÄCHER

Cornelsen
Power Learning

Der Autor:
Werner Braukmann ist Lehrer für Deutsch, Politik/Sozialwissenschaften und Geschichte an einem Gymnasium.

http://www.cornelsen.de

Gedruckt auf chlorfrei gebleichtem Papier
ohne Dioxinbelastung der Gewässer.

Bibliografische Information
Die Deutsche Bibliothek verzeichnet diese Publikation in der Deutschen Nationalbibliografie, detaillierte bibliografische Daten sind im Internet über http://dnb:ddb.de abrufbar.

Dieses Werk berücksichtigt die Regeln
der reformierten Rechtschreibung und Zeichensetzung.

6. 5. 4. 3. 2. € Die letzten Ziffern bezeichnen
07 06 05 04 03 Zahl und Jahr der Auflage.

Redaktion: Heike Friauf, Berlin
Typographie: Julia Walch, Bad Soden
Umschlagentwurf: Bauer + Möhring, Berlin
Satz und Herstellung: THII, Frankfurt am Main
Druck- und Bindearbeiten: Clausen & Bosse, Leck
Printed in Germany
ISBN 3-589-21589-5
Bestellnummer 215895

Inhalt

Aufmunterung

Vielleicht wird es auf Verwunderung stoßen und Kopfschütteln hervorrufen, wenn ich bekenne: Ich begrüße die Facharbeit, die unter dieser oder einer anderen Bezeichnung in immer mehr Bundesländern eingerichtet wird! Endlich haben Schülerinnen und Schüler die Möglichkeit, mit einer selbstständigen kleinen Studie zu zeigen, was sie gelernt haben. Sie können bei der Themenfindung weitgehend eigenen Interessen nachgehen und das Arbeitsvorhaben zu einem spannenden Projekt ausbauen.

Man kann das freilich auch anders sehen, als Überforderung, als erneuten Anschlag auf die knappe freie Zeit (auch die der Lehrerinnen und Lehrer!). Aber wenn die Schüler es richtig angehen und wenn man ihnen Spielräume lässt sowie die hoffentlich geweckte Arbeitslust nicht durch rigide Normierung abwürgt, dann kann die Facharbeit eine Herausforderung und Chance darstellen, dann könnte sie sich vielleicht sogar zu einem besonderen Ereignis der langjährigen Schullaufbahn entwickeln, an das man immer gern zurückdenken wird.

Zu starke Worte? Nun gut, es handelt sich bei der Facharbeit um ein aufwändiges Arbeitsvorhaben, es wird Durststrecken geben – vor allem das über längere Zeit bedrückende Gefühl: *Dieser Berg an Arbeit, das schaff' ich nie!* Man muss sich auf Frustrationen einstellen, wenn Vorhaben und Vorstellungen scheitern: wenn ein Gesprächspartner plötzlich doch nicht zum Interview bereit ist oder keine Zeit hat, wenn in der Bücherei ein wichtiges Buch ausgeliehen ist, wenn die Arbeitshypothese sich nicht bestätigt, wenn etwas bei der Internet-Recherche nicht klappt und wenn wie üblich der Drucker streikt ...

Aber die Facharbeit soll ja keine Examensarbeit sein! Beziehen Sie Ihre Probleme in die Studie mit ein, sie gehören ja dazu, machen Sie den Arbeitsprozess selbst zum Thema. Und – fangen Sie nicht erst eine Woche vor dem Abgabetermin an!
Sie merken schon: Dieses Handbuch will Lust auf die Facharbeit machen. Es soll nicht einfach darum gehen, wie man eine bessere Note ergattert, sondern wie man die Facharbeit sinnvoll anlegt. Das ist sicher die beste Voraussetzung, dass das kleine Werk auch Anerkennung findet und dass Sie selbst dabei Erfahrungen machen und Arbeitstechniken kennen lernen, die Sie in Ihrem weiteren Leben gebrauchen können.
Dieses Heft – ein Handbuch zur selbstständigen Arbeit – begleitet Sie im Verlauf des gesamten Arbeitsprozesses: von der Themenfindung über die Recherche und die erste Texterstellung zur Überarbeitung, Fertigstellung und schließlich zur Präsentation.
Ich wünsche spannende Erfahrungen und viel Erfolg!

W. B.

Themenfindung

Alltagssituationen als Inspirationsquellen

Manchmal möchte man's genauer wissen ... Jeden Tag auf dem Weg zur Schule geht man an diesem merkwürdigen Marmorgebilde, einem Denkmal, vorbei, ohne es sich genauer anzusehen. Aber plötzlich fehlt der Kopf des alten bärtigen Herrn auf dem Sockel und man schaut erstmals richtig hin: „Den Heldentod fürs Vaterland starben ..." liest man in Stein gehauen – ein Ehrenmal für die Kriegshelden von 1866 und 1870/71 (was war das noch mal für ein Krieg, Preußen gegen ...?) Kein Wort von „Frieden", die Toten sollten ein Vorbild sein! Und eine Plakette verrät, dass der Rat der Stadt dieses Ehrenmal unter Denkmalschutz gestellt hat – das königliche Haupt aus Stein, so ist mittags in der Zeitung zu lesen, wird gerade für viel Geld saniert.

Denkmalschutz fürs Ehrenmal: Vorschlag für ein lokalhistorisches Arbeitsthema

Möchte man das nicht genauer wissen? Wer ist der Herr auf dem Sockel? Wieso wird hier der Krieg, wie man heute zu sagen pflegt, *verherrlicht*? Und wieso stellt 1987 ein Stadtrat ein solches Zeugnis einer uns fremden Gesinnung „unter Schutz“?!

Solche Erfahrungen machen wir häufig im Alltag:

- Man nimmt einen einfach gedruckten Gedichtband, der im Buchladen neben der Kasse liegt, in die Hand, entdeckt Namen von zumeist älteren Damen, aber auch einige bekannte Mitschülerinnen sind darunter: Talentproben aus der VHS-Schreibwerkstatt *Lose Federn*. Einige Verse gefallen auf Anhieb. – Was treibt die Amateurdichterinnen da an? Gibt es Schreibanleitungen oder dergleichen?
- Kirmes: Eine Gondel dreht sich um sich selbst, dreht sich sodann im Viererverbund – und gleichzeitig dreht sich auch die gesamte Karussell-Anlage: Welche Bewegungen entstehen auf diese Weise, welche Geschwindigkeiten werden erzeugt?
- Wieso kann jemand in einem demokratischen Verfahren zum Präsidenten des bedeutendsten Staates der Welt gewählt werden, der nicht die Mehrheit der abgegebenen Stimmen auf sich vereinigen kann? Wieso wählen „Wahlmänner“? Gibt es auch weibliche „Wahlmänner“?
- Ein Künstlerehepaar stellt in einer Bank abstrakte Bilder und Skulpturen aus. Lohnt sich eine solche Ausstellung für die Künstler finanziell? Kann man von solcher künstlerischer Produktion leben? Warum engagiert sich das Geldinstitut?

Neugier

Ständig stoßen wir in unserer Umwelt, also *live*, in der direkten Begegnung, aber auch beim Medienkonsum, auf Sachverhalte, die neugierig machen. Neugier ist hier nicht negativ, als belästigende Einmischung in Angelegenheiten anderer Menschen, gemeint. Ganz im Gegenteil. Neugier soll vielmehr verstanden werden als Antrieb, sich Klarheit zu verschaffen. Ich denke, das ist eine unterschätzte Energie in jedem von uns: dass es uns keine Ruhe lässt, bis wir eine Frage so weit beantwortet haben, wie es uns möglich ist. Da entsteht eine Spannung, die auf Ausgleich drängt.

Auf diese Energie sollte man setzen bei den ersten Überlegungen angesichts der bevorstehenden Facharbeit: bei der **Themenfindung**. Eine selbstständige Arbeit abzuleisten bedeutet ja auch Selbstständigkeit in den Anfängen: bei der Ermittlung des Themas, auf das ich mich stürzen möchte. Man hat bei der Auswahl des Faches, erst recht aber bei der Festsetzung der Aufgabe, weitgehende Freiheit. Es kann jedenfalls nicht angehen, Schülerinnen und Schüler nach Gutdünken auf die Fächer zu verteilen und ihnen Themenlisten vorzulegen, aus denen sie sich eine Aufgabe nun bitteschön herausnehmen mögen. – Kämpfen Sie für diesen Freiraum!

Von der Idee zum Thema

Wie kommen Sie nun von einem guten Einfall zu einem Thema, das für eine Facharbeit geeignet ist? Es bieten sich verschiedene Methoden an.

Brainstorming

Ist eine sozusagen wilde Ideenproduktion, gut geeignet für Gruppen, die sich unter der Voraussetzung besonders kreativ „befruchten“, dass die Lust am Weiterspinnen einer Idee nicht durch negative Reaktionen gebremst wird. Daher sind *Killerphrasen* – „Das geht doch nicht!“, „Blöde Idee!“, „Ach nee ...“ usw. – strikt ausgeschlossen. Auch ein zunächst unbrauchbar und abgelegen erscheinender Vorschlag kann ja den Anstoß geben zu einer geradezu idealen Problemlösung. (So soll es in den so genannten Gag-Schmieden zugehen, wie etwa der von Harald Schmidt. Und wie kommt ein Unternehmen auf den Gedanken, eine Toilettenbrille aus transparentem Material mit eingearbeitetem Stacheldraht erfolgreich zu vermarkten?!)

Clustering

Ein netzartiges Ausspinnen eines Gedankens. Setzen Sie Ihren Begriff oder Gedanken in die Mitte eines möglichst großen Blattes, ziehen Sie eine Linie rund um das Wort oder die Wortgruppe, notieren Sie nun alle Gedanken, die Ihnen zu dieser Formulierung kommen, umkringeln Sie auch diese und ziehen

Sie sodann Verbindungslinien. So erhalten Sie ein Bild von Ihrem Gedankengang. Man wundert sich – wie bei der *Stillen Post* –, wohin ein Reiz-Wort Sie führt!

Cluster: Man spinnt einen Gedanken fort, bis ein netzartiges Geflecht entsteht.

Mindmapping

Ein ähnliches Verfahren für komplexere (Schreib-)Vorhaben. Hier geht es nicht darum, von Wörtern aus frei zu assoziieren, es werden vielmehr von einem Thema ausgehend die Zusammenhänge entwickelt, Begriffe und Aspekte zueinander in Beziehung gesetzt. So zeigen sich Argumentationslinien und man kann den Stellenwert von Gesichtspunkten ausmachen. Auf der Fläche – *Mind-Map* heißt wörtlich: Gedankenlandkarte – entwickelt sich so das Themenfeld Ihrer Arbeit, eine erste Skizze Ihres Arbeitsvorhabens!

Wie grenzt man ein Thema ein?

Nun ist ein interessantes Thema nicht automatisch ein gutes Thema für eine Facharbeit. Die Facharbeit ist eine anspruchsvolle schulische Leistung und hat, versteht sich, bestimmten Qualitätskriterien zu genügen. Das vorgeschlagene Thema könnte sich zu weit von den Stoffgebieten des Unterrichts entfernen *(Die Geschichte der Freiwilligen Feuerwehr in B.)*, zu allgemein zugeschnitten sein *(Wirkungen der Medien)* oder zu abgegriffen *(Ursachen der Jugendkriminalität)*. Die Schulen wollen natürlich verhindern, dass Schüler es sich zu einfach machen und vorgefertigte, überall verfügbare Arbeiten einreichen; es soll gewährleistet sein, dass inhaltlich und methodisch auf das Schulfach bezogen gearbeitet werden kann, und die Aufgabe sollte so eng wie möglich formuliert sein, um eine konkrete Arbeit an Materialien zu ermöglichen (an literarischen Texten, an historischen Quellen, sozialwissenschaftlichen Daten, Auswertungen naturwissenschaftlicher Experimente usw.) sowie einen individuellen Zuschnitt der Arbeit zuzulassen.

Das Thema sollte:

- neu sein
- einen ganz konkreten Gegenstand behandeln
- auf das Schulfach bezogen sein
- fachmethodische Arbeit ermöglichen (Quellenarbeit, Analyse von Statistiken, Experiment usw.)

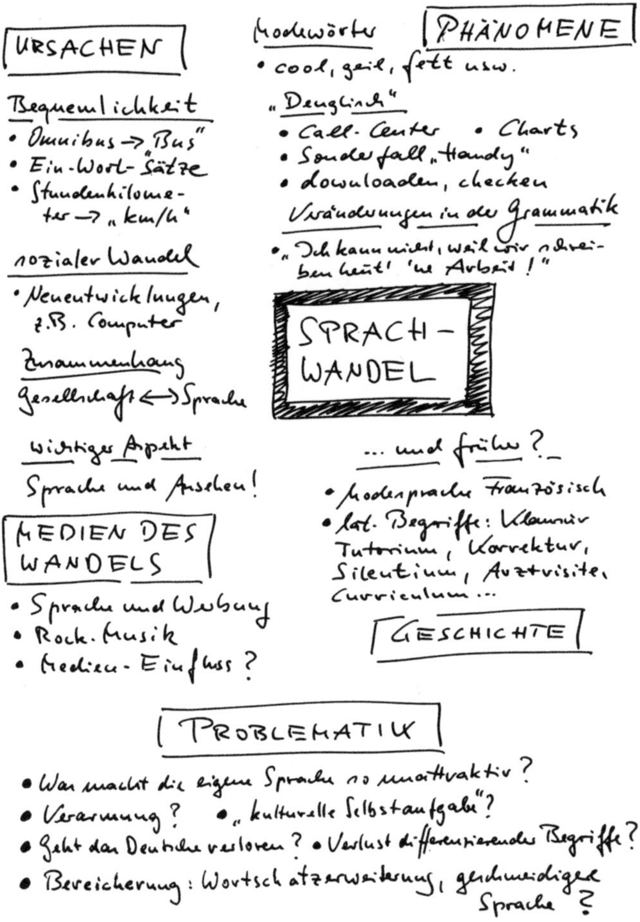

Mind-Map – eine Art Röntgenaufnahme der Gedankenarbeit

Man sollte daher den ins Auge gefassten Themenbereich

Die Machtergreifung der NSDAP ...

deutlich präzisieren,

... am städtischen Gymnasium in B. (1933-1935)

wozu sich ein bestimmter Schauplatz, ein überschaubarer Zeitraum und ein eingegrenzter gesellschaftlicher Bereich anbieten.
Sehr empfehlenswert ist der **lokale Bezug**. So ergibt sich fast immer eine hinreichende Konkretisierung, die Materialsammlung und -erhebung wird erleichtert und legt praktische Arbeit am eigenen Wohnort nahe: Interview, Erhebung, Beobachtung usw. (Früher nannte man das übrigens *Heimatkunde* – ein Thema für eine Facharbeit?) Auf diese Weise wird es auch nicht schwer sein, die Originalität der Arbeit zu gewährleisten.
Es kommt noch eine weitere Dimension hinzu: die **Methodik**. Handelt es sich bei der Facharbeit um ein naturwissenschaftliches Experiment, um die Inhaltsanalyse einer Zeitung, um kreative Arbeit (Entwurf einer Hörspielszene), um die Auswertung von Statistiken, um eine Textanalyse? Die Schüler sollen ja – neben dem Inhaltlichen – ihre **Methodenkompetenz** unter Beweis stellen durch Anwenden der Fachmethodik und durch Reflexion eben dieser Vorgehensweise. Daher muss dieser Aspekt im Entscheidungsprozess berücksichtigt werden.
Auf den ersten Blick scheinen diese Einschränkungen Anfangsmotivation abzubauen und wegzuführen von meinem selbstgefundenen Thema. Aber diese Einhegung des Themenfeldes soll Schülerinnen und Schüler davor bewahren, in Materialmengen zu versinken, sich zu verzetteln oder ins Allgemeine abzudriften. Es handelt sich ja, das muss immer wieder betont werden, nicht um eine Hochschularbeit, weder qualitativ noch quantitativ. Der Umfang ist nach oben begrenzt, in NRW beispielsweise auf 12 Seiten – und es muss nicht der gesamte Forschungsstand zum Ausbruch des Ersten Weltkriegs berücksichtigt werden!

***TIPP:* Liste zur Themenfindung**
Legen Sie ein Blatt Papier quer oder nehmen Sie Ihr Arbeitstagebuch (s. S. 29 ff.), notieren Sie:

Idee Fach Thema Konkretisierung Methodik

und spielen Sie Ihre Ideen durch!

Themenbeispiele für analytische Arbeiten

- Sichtung eines privaten Fotoalbums unter besonderer Berücksichtigung einer Bilderreihe, z. B. zum materiellen Aufstieg einer Familie in der frühen Nachkriegszeit (Bildquellenanalyse)
- Versiegelung von Siedlungsfläche in Planungsvorhaben der Stadt B. (evtl. unter besonderer Berücksichtigung des Rückgangs von Tier- und Pflanzenarten?)
- Geschichte einer Straße/eines Platzes in B. (Arbeit im Stadtarchiv)
- Landschaftsökologische Bewertung des eigenen Schulwegs (Fotoanalyse, Kartierung)
- Die „Schieflage“ von Eisenbahngleisen in der Kurve
- Verwendung und Funktion von Jugendsprache in Benjamin Leberts „Crazy“ (Textauswertung)
- Rezension eines Theaterbesuchs unter besonderer Berücksichtigung einer bestimmten Szene
- Analyse eines TV-Werbespots (Filmanalyse)
- Vergleich der deutschen Synchronisation mit der Originalfassung einer bestimmten Szene eines amerikanischen Spielfilms
- Analyse eines plattdeutschen Gedichts vor dem Hintergrund der Rolle und Geschichte des Plattdeutschen (Lyrikanalyse, Literaturauswertung)
- Religiöse Toleranz – die Leserbriefe anlässlich der Errichtung einer Moschee in B.
- Musikalische Einflüsse auf den Musikstil einer Rockgruppe an der Schule

(Vgl. auch als beispielhafte Facharbeit „Die Geometrie einer Sprungschanze“ auf S. 146!)

Windräder: Quelle erneuerbarer Energie – Quelle auch vieler Themen: Kraftübertragung, Stroboskop-Effekt, Landschaftsveränderung ...

Themenbeispiele für kreative Arbeiten

Noch nicht aufgeführt sind kreative Ansätze. Was spricht dagegen,

- ein Filmdrehbuch nach Peter Bichsels Kurz-Text „San Salvador“ zu entwerfen,
- eine Illustration zu einem literarischen Text zu gestalten,
- eine „Grüne Welle“ für die Umgehungsstraße in B. zu entwickeln,
- ein eigenes (Nachrichten-) Magazin zu einem lokalen Thema zusammenzustellen, in dem alle journalistischen Gebrauchsformen vorkommen,
- ein „Marketing-Konzept“ für die Schüler-Bücherei *Die Leseratte*, deren Ausleihzahlen zurückgehen, zu entwerfen,
- eine Geschichtserzählung nach einem realen historischen Vorfall zu verfassen?

Nichts, im Gegenteil. Denn es ist, wie man sieht, nur ein anderes methodisches Vorgehen. Das Produkt muss allerdings als Vorarbeit eben jene Analyse enthalten, welche andere Facharbeits-Formen in ausführlicherer Form bieten.
In der Regel wird zur Auflage gemacht, dass die kreativen Facharbeiten Reflexionsteile enthalten, die den Arbeitsprozess erläutern und die vorherige Analyse von Materialien nachzeichnen.

Schwerpunkte setzen
Jetzt haben Sie sich nach Kräften bemüht, das Thema einzugrenzen. Es macht sich schon Enttäuschung breit, wie klein der Ausschnitt ist, der für das Thema „Zweiter Weltkrieg" oder „Bevölkerungsentwicklung" oder „Menschenrechte" steht, das einen ursprünglich im Ganzen interessierte! Dennoch werden alle Nachwuchsforscherinnen und Nachwuchsforscher im weiteren Verlauf der Arbeit merken, wie groß die Materialfülle ist, durch die man sich hindurcharbeiten muss, wenn das Thema nicht noch weiter beschränkt wird.
Daher gilt es, Schwerpunkte zu setzen. Beim folgenden Thema, das sehr konkret erscheint, wird man bald bemerken, wie sehr es ausufert:

> *„Gastarbeiter" in Deutschland – am Beispiel der Integration der Industriearbeiter aus dem kalabresischen Pietrapaola in B. (Befragung)*

Es ergeben sich nämlich folgende Fragen:
- Wie wurden die jungen Kalabreser angeworben?
- Welcher Arbeitskräftebedarf bestand in Unternehmen in B.?
- Die soziale und ökonomische Situation des kalabresischen Bergdorfs Pietrapaola zu Beginn der 60er Jahre
- Fremdenfeindliche Tendenzen in der deutschen Kleinstadt B. in den 60er Jahren
- Wie lebten die „Gastarbeiter" in B. in den ersten Jahren?
- Der Kontakt zwischen B. und Pietrapaola
- Nachzügler und Rückkehrer
- Integrationsvorhaben für die „Gastarbeiter" in B. (Kirchengemeindearbeit, Sprachlernprojekte u.a.)

- Die Probleme der „zweiten Generation"
- Die Forderung der „doppelten Staatsbürgerschaft"

Man könnte so fortfahren ... Hinzu kommt, dass es sich um etwa 90 Personen handelt, die damals nach B. kamen. Wie viele Gespräche wären da nötig ...! Es müssen also Schwerpunke gesetzt werden, z. B. auf die

- Probleme der Gastarbeiterkinder an drei ausgewählten Beispielen

oder auf die

- Folgen der Integration (gibt es einen deutsch-italienischen Kulturverein, eine Begegnungsstätte, eine Städtepartnerschaft?)

Problemstellung entwickeln

Bei der Planung der Facharbeit empfiehlt sich darüber hinaus, eine **Problemstellung** zu formulieren. Sie haben sicher schon häufig gemerkt, dass Lehrer die geplanten Unterrichtsstunden mit problematisierenden Fragen einleiten. Einfaches Beispiel: Man behandelt das Thema Kosovo-Krieg und fragt: „War der Krieg im Kosovo zu vermeiden?" Die Differenzierung mag nicht beträchtlich erscheinen, aber man erhofft sich von der Problematisierung eine größere Zielspannung (alle Beiträge der Stunde laufen auf die Beantwortung der Ausgangsfrage hinaus), eine höhere Motivation, eine bessere Mobilisierung von Schülerinteressen.

Dies lässt sich auf die Facharbeit übertragen:

- Wie lässt sich der Energieverbrauch in der Schule reduzieren? (Projekt)
- Ist Teilzeitarbeit ein geeigneter Vorschlag zur Verringerung der Arbeitslosigkeit? Untersuchung der Situation in B. an drei ausgesuchten Großunternehmen
- Landschaftsverschandelung oder Verbesserung der Tierfutterqualität? Das Abpacken der Silage in Kunststoffballen, untersucht am Beispiel des Hofes P. in B.
- Der Streit um die Regenwasserversickerung im Neubaugebiet „Am Klei" in B.

Zur Facharbeit gehören immer zwei ...

Was aber ist, wenn Ihr Arbeitsvorhaben, für das Sie sich mittlerweile geradezu – und hoffentlich! – begeistern, beim Fachlehrer, bei der Fachlehrerin nicht auf Gegenliebe trifft?

Nun, grundsätzlich gilt: Die betreffenden Fachlehrer sind verantwortlich, sie müssen ein Thema akzeptieren, sie können einen Vorschlag also zurückweisen. Das ist erforderlich, um ein bestimmtes Niveau zu garantieren und zu gewährleisten, dass ein Thema genommen wird, welches nicht überfordert, aber auch nicht dazu verleitet, sich mit Hilfe des Internets oder anderer Hilfsquellen die Arbeit zu „erleichtern".

Wichtiger noch ist: Die Fachlehrer müssen die Arbeit betreuen und bewerten. Das geht aber nur, wenn sie sich kompetent genug fühlen, Ausführungen zu einem bestimmten Thema beurteilen zu können – die Fachlehrer werden sich nicht in jedem (Neben-)Thema auskennen. So muss man den Pädagogen schon zugestehen, dass sie bestimmte Arbeiten nicht akzeptieren können.

Für alle anderen Fälle ist **kommunikative Kompetenz** gefordert – ein wichtiges Lernziel der Schule! Bemühen Sie sich, argumentieren Sie, überzeugen Sie – ja, kämpfen Sie! Der reine Bezug auf die Stoffpläne der Jahrgangsstufe 12 kann von einem Fachlehrer als ausschließliches Argument jedenfalls nicht vorgebracht werden. Wichtiger sind die in der Regel sehr offen gehaltenen Bestimmungen zur Facharbeit, die Sie sich genau ansehen sollten, um nötigenfalls besser argumentieren zu können.

Was ist eine Facharbeit?

Man hätte diese Frage zu Beginn behandeln können. Das wäre nicht ohne Folgerichtigkeit gewesen: Wenn ich eine Facharbeit zu schreiben habe, dann frage ich erst einmal: *Was ist das eigentlich, eine Facharbeit, welchem Zweck soll sie genügen?* Und dann fange ich an.
Aber es sollte deutlich gemacht werden, dass es günstiger ist, bei eigenen kleinen Forschungsinteressen anzusetzen. Alles andere ergibt sich, fast, von alleine ...
Dennoch müssen spätestens jetzt die Vorgaben zur Facharbeit erläutert werden, weil sie den Rahmen setzen für Ihre Bemühungen, also Ihren Freiraum begrenzen, und weil sie die Kriterien nennen, nach denen gewertet wird.
Und überhaupt: *Warum tut man Ihnen das an?*

Nun, in letzter Zeit hat die Kritik an den Qualifikationen der Schülerinnen und Schüler zugenommen. Die Universitäten bemängeln schwache methodische Voraussetzungen fürs Studium, internationale Studien attestieren deutschen Schul-Absolventen bedenkliche Defizite – man könnte so fortfahren. Vorgebracht wird neben anderem, dass Schülerinnen und Schüler sich schwer tun, selbstständig wissenschaftlich zu arbeiten. Dem begegnen nun die verschiedenen Kultusministerien mit der (Wieder-)Einführung umfangreicher wissenschaftspropädeutischer[1] Arbeiten in verschiedenen Formen und Verbindlichkeiten. Welche Modalität auch immer: „Der Trend hin zu einer schriftlichen Hausarbeit ist eindeutig."[2]

---

1 „Wissenschaftspropädeutisch", dieses abschreckende Begriffsungetüm könnte man mit „auf die Wissenschaft vorbereitend" übersetzen. „Nicht also die Anfertigung einer umfassenden wissenschaftlichen Arbeit ist das Ziel, sondern der Nachweis über die Befähigung zum wissenschaftlichen Arbeiten." (Klösel/Lüthen: Die Facharbeit – ein wichtiges Element in der gymnasialen Oberstufe, S. 62)
2 Klösel/Lüthen, a.a.O., S. 62

Verbindliche Angaben sind in der Regel recht knapp gehalten. Die Lehrpläne in Nordrhein-Westfalen beispielsweise formulieren für das Fach Sozialwissenschaften:

> *„Wissenschaftspropädeutisches Lernen zielt darauf ab, die Schülerinnen und Schüler mit den Prinzipien und Formen selbstständigen Lernens vertraut zu machen. Facharbeiten sind hierzu besonders geeignet. Facharbeiten ersetzen in der Jahrgangsstufe 12 nach Festlegung durch die Schule je eine Klausur für den ganzen Kurs oder für einzelne Schülerinnen und Schüler. Eine Facharbeit hat den Schwierigkeitsgrad einer Klausur; sie soll einen Schriftumfang von 8 bis 12 Seiten (Maschinenschrift) nicht überschreiten. Gleichartige Arbeiten gehören zum Beurteilungsbereich ‚Sonstige Mitarbeit'. Die methodischen Anforderungen an eine Facharbeit sind im Unterricht vorzubereiten. Unter Umständen ist es zweckmäßig, wenn diese Aufgabe nach Absprache in der Schule vom Fach Deutsch übernommen wird. [...] Bei der Bewertung muss (im Verhältnis zur Bewertung einer Klausur) stärker die Selbstständigkeit berücksichtigt werden."*[3]

Solche Angaben, die sich in den verschiedenen Bundesländern und für die verschiedenen Fächer nur unwesentlich unterscheiden (abgesehen von der Tatsache, dass die Facharbeit nur in Bayern, Niedersachsen und NRW eine Pflichtleistung ist), müssen präzisiert werden, das liegt auf der Hand. Dazu ist auch jede Schule, und dort wiederum jede Fachgruppe, verpflichtet. Die Schulen wiederum melden ständig Bedarf an nach detaillierteren Vorgaben „von oben". Und so hat beispielsweise das Landesinstitut für Schule und Weiterbildung Soest für das NRW-Ministerium „Empfehlungen und Hinweise zur Facharbeit" herausge-

---

3 Ministerium für Schule und Weiterbildung, Wissenschaft und Forschung des Landes NRW (Hg.): Richtlinien und Lehrpläne für die Sekundarstufe II – Gymnasium/Gesamtschule in Nordrhein-Westfalen. Sozialwissenschaften. Frechen 1999, S. 48 und 66

geben – voller Vorschläge und Soll-Bestimmungen. Angelehnt an dieses Heft, das so etwas wie einen Konsens darstellt über Erwartungen an die Facharbeit und dessen Vorschläge sicher weithin übernommen werden, soll im Folgenden näher erläutert werden, was es mit der Facharbeit aus offizieller Sicht so auf sich hat (in Klammern Differenzierungen nach den einzelnen Bundesländern):

Klausurersatz

Die Facharbeit ist eine selbstständige wissenschaftspropädeutische Leistung, mit der Schüler der Jahrgangsstufe 12 (oder 13) eine Klausur (oder zwei Klausuren) in einem schriftlichen Fach (oder nur LK) ersetzen können. Die Schulen legen die Einzelheiten fest: welche Klausur ersetzt wird, wie viele Facharbeiten ein Fachlehrer zu betreuen hat, wie die Verteilung auf die Fächer erfolgen soll usw. Der Umfang ist begrenzt.

Vorbereitung

Die Facharbeit muss im Unterricht – in der Regel geschieht das zu wesentlichen Teilen im Deutschunterricht – vorbereitet werden. Die Fachgruppen der Schulen müssen Absprachen treffen über ihre spezifischen Kriterien. Sodann muss der betreffende Fachlehrer mit den Schülerinnen und Schülern über seine Kriterien sprechen.

Gruppenarbeit

Es können Gruppenarbeiten erstellt werden (außer in Bayern und Bremen), wenn der Umfang der gemeinsam erstellten Arbeit proportional zur Anzahl der Schüler steht und wenn der individuelle Anteil eindeutig erkennbar ist.

Äußere Gestaltung

Erstmals werden auch bis in die äußere Gestaltung gehende formale Anforderungen gestellt: in NRW ein Mindestumfang von 8, ein Höchstumfang von 12 Seiten „sauber korrigierter“ Maschinenschrift (1½-zeilig, DIN A4, Schriftgrad 12).

Fachübergreifende/fächerverbindende Themen

Die Schüler können sich auch für fachübergreifende (den Inhaltsbereich eines Faches überschreitende) und fächerverbindende Themen entscheiden. Das erfordert möglicherweise eine Absprache mit einer anderen Lehrperson. Es bleibt aber ein einzelner Fachlehrer verantwortlich für Betreuung und Bewertung, und zwar der Fachlehrer, in dessen Kurs die Klausur ersetzt wird.

Arbeitszeit

Die Arbeitszeit ist unterschiedlich: in Bayern bis zu einem Jahr, in NRW 16 bis 18 Wochen, je sechs Wochen für die Themensuche, für die Material- und Literatursuche, für die Schreibphase.

Beratung

Der Fachlehrer korrigiert die Arbeit nicht nur, vielmehr berät er die Schüler und „betreut" sie während des Arbeitsprozesses, schon von der Themenwahl an – was nicht bedeutet, dass er das Thema vorgibt! Das ist Sache der Schüler. Allerdings muss er grünes Licht geben, also das Thema akzeptieren. Dabei soll er darauf achten, dass das Thema eingegrenzt und der Aufwand realistisch eingeschätzt wird. Es geht bei der Beratung – siehe auch S. 88 f. – nicht um ständigen Kontakt, der der Selbstständigkeit abträglich wäre. Vielmehr sollen einige Beratungsgespräche vereinbart und deren Ergebnisse schriftlich festgehalten werden. Hilfreich für das Protokollieren sind Formblätter, die an einigen Schulen eingeführt wurden.

Bewertung

Die Facharbeit wird wie eine Klausur (oder zwei Klausuren) bewertet (Beurteilungskriterien siehe Anhang). Besonderes Gewicht hat die Selbstständigkeit, auch die Darstellungsleistung (Qualität des sprachlichen Ausdrucks, sprachliche Korrektheit) wird wegen des fehlenden Zeitdrucks stärker berücksichtigt.

Arbeitsplanung

Wie verhindert man, in Materialfülle zu versinken?

Das Thema ist fixiert – es kann losgehen! Obwohl die Themenfindung ja schon ein nicht unerheblicher Anteil der Arbeit war ...

TIPP
Freuen Sie sich, endlich ein Thema gefunden zu haben! Statt zu grübeln, ob das wohl auch das Richtige war, ob es nicht besser gewesen wäre, hätte man die andere Idee weiterverfolgt ... Solches Grübeln kostet nur Kraft.

Man weiß, es gilt jetzt, sich Material zu besorgen, sich „einzulesen“ ins Thema, erste Thesen zu formulieren, sich Gedanken zur Struktur der Arbeit zu machen usw. Man möchte sich in die Arbeit stürzen! Aber es besteht die Gefahr, in den Unterlagen unterzugehen. Vielleicht haben Sie schon mal die Erfahrung gemacht, wie schnell Bücher- und Zeitschriftenberge wuchern, hat man nur einmal angefangen, zu sammeln – in der Stadtbücherei, in der schuleigenen (Lehrer-)Bibliothek, oder man hat gar einen Lehrer gefragt ...! Und lawinenartig überfällt es einen erst recht, wenn man eine Internet-Suchmaschine anzapft: „ungefähr 18.000 Angaben“ liefert Yahoo zum Stichwort *Weltwirtschaftskrise* (am 23. Februar 2003).
In diesen Unmassen von Unterlagen verzettelt sich heillos, wer ohne **Konzept** vorgeht. Und wer dann noch, ein wenig ratlos angesichts der Papierberge und unbekümmert wegen des ungewohnt weit in der Zukunft liegenden Abgabetermins, erst mal die Arbeit beiseite schiebt ... Man braucht gute Nerven und sollte sich besinnen! Kurzum: Man braucht einen **Plan**! Plan wiederum bedeutet: einen **Kalender** und, so ist zu empfehlen, ein **Arbeitstagebuch**.

Zeitplan

Ein weit in der Zukunft liegender Termin ist verführerisch. Die viele Zeit, die man *noch* hat, verleitet dazu, sich genüsslich der angenehmsten Vorbereitung zu widmen: der vagen, fast träumerischen Vorstellung davon, was man in der Facharbeit alles machen *könnte*. Das mag kreativ sein, besser aber wäre es, zumindest gleichzeitig die Ärmel aufzukrempeln und **richtig anzufangen**: Nehmen Sie sich einen Kalender vor und legen Sie die Hauptphasen der Arbeit fest!

Der nun folgende ***Zeitplan*** dient der **Vorbereitung** – die ***Checkliste*** dagegen (s. S. 164) ist detaillierter, sie soll Sie **während der Arbeit** begleiten.

Zeitplan

Start			____	– *der Countdown läuft*
Themenfindung	____	bis	____	– *das Thema „steht“*
Einarbeitung ins Thema	____	bis	____	– *der Hintergrund ist geklärt*
Hauptarbeitsphase	____	bis	____	– *das Material ist erarbeitet*
Textentwurf	____	bis	____	– *Rohfassung „steht“*
Überarbeitung	____	bis	____	– *Endkontrolle ist durchlaufen*
Anhang zusammenstellen, gestalten, ausdrucken	____	bis	____	– *abgeben!*
		– *geschafft!* –		
			____	– *Abschlussfeier?*

Sie können es auch ähnlich wie werdende Abiturienten machen, die sich aus Ikea-Maßbändern o.ä. einen *Countdown-Strip* basteln und täglich ein Stück abschneiden: Planen Sie von hinten her (das Folgende ist sozusagen von unten nach oben geschrieben und kann so auch gelesen werden).

❒ **Abgabe der Arbeit!**
↑ Da man einen Puffer braucht für „technische Probleme" am Computer, sollte der Endausdruck auf ein Datum drei Tage vor dem Abgabetermin festgesetzt werden. So bleibt auch Zeit zu überarbeiten, für letztgeniale Einfälle – und vor allem für Kürzungen und endgültige Korrekturen!
↑ Je nachdem, wie schnell man schreibt, setze man etwa eine Woche für die Fertigstellung an.
↑ Fertig ist die Arbeit also schon lange vorher. Aber was heißt schon *fertig*?! Wichtig ist die Überarbeitung, hinzu kommt die Arbeit an der Gestaltung, an der Illustration, an der Korrektur!, für den Materialanhang, für Literaturlisten und die letzten Details (beispielsweise das Nachschieben eines genauen Datums, einer Seitenzahl oder Mengenangabe, wofür man vorher noch eine Klammer offen gelassen hatte ...!)
↑ Schreibphase
↑ Skizzen, Thesen – erstes schriftliches Fixieren einzelner Punkte
↑ Gliederung, Aufbau der Arbeit
↑ Zusammenstellen des Materials
↑ Die eigentliche Arbeitsphase: Lektüre und Analyse von Texten, Experimente und ihre Auswertung, Interviews und ihre Sichtung und Bearbeitung usw.
↑ Besorgen des Materials, Vereinbarung eines Termins mit Experten und Interviewpartnern, eines Besuchs einer Institution usw.
↑ Grundinformation, Anfangshypothesen

Variationen je nach schulischen Gegebenheiten und nach Art der Facharbeit. Ferner müssen noch die **Beratungstermine mit dem Fachlehrer** dazwischengeschoben werden!

TIPP
Heften Sie sich Ihren Plan unübersehbar ins Blickfeld am täglichen Arbeitsplatz, skizzieren Sie ihn im Arbeitstagebuch oder fixieren Sie ihn an der Pinn-Wand oder Zimmerausgangstür ...

Konzept

Thema, Thesen, Gliederung, Ausarbeitung: Vielfach gerät aus dem Blick, dass es nicht nur gilt, irgendwie zehn Seiten zu „füllen", man sollte auch etwas zu sagen haben, eine Hypothese aufstellen, sozusagen eine Botschaft haben. Eine solche **Kernaussage** kann man gut mit einem Konzept erfassen, in welchem man ganz knapp formuliert, was man zeigen oder beweisen oder untersuchen will. Beispiel:

In meiner Facharbeit zum Thema „Milchschnitte oder Vollkornbrot – Wie ernähren sich die Sextaner am Schulvormittag?" möchte ich der Befürchtung, dass Schulkinder sich ungesund ernähren, mit einer eigenen kleinen Untersuchung an unserer Schule nachgehen, indem ich mit einer Befragung von Schülerinnen und Schülern einer Jahrgangsstufe (über eine Woche) in Erfahrung bringe, was sie an den Schulvormittagen zu sich nehmen. Dieses Ergebnis möchte ich vergleichen mit allgemeinen Daten über die Ernährungsgewohnheiten Jugendlicher und dann anhand ernährungswissenschaftlicher Erkenntnisse beurteilen. Meine Ausgangshypothese ist, dass die Sextanerinnen und Sextaner an meiner Schule – im ländlichen Raum – in Relation zum Durchschnitt deutlich bessere Werte aufweisen.

ÜBUNG:
Versuchen Sie, Ihr Thema in einem solchen Konzept vorzustellen.

Ein solches Konzept eignet sich gut als Grundlage für das **Beratungsgespräch** und hilft Ihnen bei der bevorstehenden Arbeit. Mit einem Blick in dieses *Konzentrat* des Arbeitsvorhabens können Sie sich davor schützen, vom Thema abzudriften oder lediglich eine geradezu langweilige Aufstellung von Fakten und Ergebnissen zu erstellen – es erinnert Sie immer wieder an Ihr ganz spezielles Anliegen!

TIPP
Apropos abdriften: Wenn Sie sich im Lauf der Arbeit zu Abweichungen veranlasst sehen, so sollte Ihnen das keine Sorgen bereiten, eher im Gegenteil. Es dürfte nicht selten vorkommen, dass unvorhersehbare Änderungen im Vorgehen notwendig sind, dass Ihre Untersuchungen zu überraschenden Ergebnissen führen o.ä.

Arbeitstagebuch

Ein weiterer Vorschlag, der auf den ersten Blick den Aufwand noch ausweitet, gleichwohl aber die Arbeit erleichtern soll, geht dahin, ein Arbeitstagebuch zu führen: eine Kladde im Taschenformat, in der man Ideen sammelt, Vereinbarungen notiert, den täglichen Fortschritt an der Arbeit protokolliert. Man sollte es möglichst oft mit sich führen (plus Stift), um plötzliche Eingebungen festzuhalten und beispielsweise Angaben über Buchtitel oder Internet-Adressen aufzuschreiben. Auch für die Beratungstermine eignet es sich gut als Nachweis des jeweiligen Standes der Arbeit. Man kann schließlich in der Facharbeit aus dem Arbeitstagebuch zitieren, wenn es angebracht scheint, über den Arbeitsvorgang zu berichten, über Erfahrungen bei der Recherche – oder über Hindernisse bei der Materialsuche.
Ein Beispiel finden Sie auf der folgenden Doppelseite.

Idee: Zeitungsarchiv der Lokalzeitung

Zeitschrift: „Psychologie heute" 7/87 (Stadtbücherei?)

www.fette-kinder.de

Befragung (Methode – SoWi-Buch?)

nächster Beratungstermin: 18. Januar!!

Spiegel-Titelgeschichte 18.12.2000: „Süße Sucht. Deutschlands überfütterte Kinder"

– Magersucht – Fernsehen – Bewegungsarmut – Schokolade – großes Geschäft der Zuckerindustrie

– Oma fragen, wie das früher mit Süßigkeiten war ...

13. Januar: Anruf bei der Verbraucherberatung – ständig besetzt –

Focus-Bericht überflogen – bringt nichts

---

14. Januar: Keine Zeit für FA – Klausurvorbereitung

---

15. Januar: Konzept erstellt für das morgige Beratungsgespräch mit Frau Sp.-F. Gar nicht so einfach! Wie kann ich jetzt schon Aussagen treffen über etwas, das ich erst noch erarbeiten muss? Das soll mir mal Sp.-F. beantworten!!

---

16. Januar: Saß heute wie gelähmt am Schreibtisch. Wie hieß das noch letzte Woche in der Deutschstunde: „Schreibhemmung" oder so ähnlich. Es ist mir alles so unklar! Wie soll ich das nur schaffen?! Ich weiß nicht, wo ich anfangen soll! – Bin erst mal ins Kino gegangen!

Wissenschaftliches Arbeiten

Was ist Wissenschaft?
Nun, sagen wir zunächst, Wissenschaft sollte zumindest eines nicht sein: eine abgehobene Sphäre, in der Spezialistinnen und Spezialisten in kaum verständlichen Codes über etwas reden, das wir längst kennen oder das keine Bedeutung für uns hat! Wenngleich Wissenschaft gelegentlich so erscheint.
In Wirklichkeit oder sagen wir besser im Wesentlichen ist die Wissenschaft dagegen ein wichtiger gesellschaftlicher Bereich, in dem notwendige Erkenntnisse zusammengetragen werden zur Bewältigung gegenwärtiger und zukünftiger Probleme der Gesellschaft.
Wissenschaft meint dabei nicht allein *Wissen schaffen* im Sinne einer Ermittlung und Anhäufung von Fakten. Wissenschaftler suchen vielmehr Zusammenhänge zwischen beobachtbaren alltäglichen Tatsachen (*empirisch* zu ermittelnden Fakten) und entwickeln Erklärungsansätze (Hypothesen, Theorien). Das unterscheidet Wissenschaft von der reinen Beschäftigung mit Daten – altmodisch gesprochen: der Faktenhuberei oder Fliegenbeinzählerei. Gemeint ist, dass die Wissenschaftlerin oder der Wissenschaftler die Vernunft arbeiten lässt, um die Zusammenhänge zwischen den beobachteten Phänomenen zu ergründen, um damit zu Theorien zu gelangen, dadurch zu Erkenntnissen, zu erklärenden Aussagen.
Eine Theorie hat man schnell. *Also wenn du mich fragst, ist das so mit den Horoskopen* ... Eine Theorie kann aber falsch sein – gemeint ist nicht *falsch* im landläufigen Sinn, in dem alles Theoretische unter Generalverdacht steht gegenüber der Triftigkeit der Realität, der Praxis, der Wirklichkeit. Nein, es kann ein schlichter Fehler im wissenschaftlichen Prozess vorliegen. Daher gilt es, die Theorie zu beweisen durch systematisches logisches Vorgehen.

Das ist ein bisschen knapp – und flapsig – formuliert, was man über Theorie und Wissenschaft auf Hunderten von Seiten genauer nachlesen kann. Aber in der Facharbeit braucht ja auch, wie versprochen, nicht wissenschaftlich gearbeitet zu werden, nur wissenschaftspropädeutisch. Daher sollte man, was mit Wissenschaft gemeint ist, auch nur einmal ansatzweise in den Blick nehmen ...
Noch mal: Es geht nicht nur um ***Wissen***, um die Sammlung und Beherrschung von kreuzworträtsel- und fernsehquiz-tauglichen Fakten, sondern vor allem um ***Erkenntnisse***.

Lassen Sie sich nicht einschüchtern, wenn Sie lesen, eine Facharbeit solle **„wissenschaftliches Arbeiten"** einüben – es ist ganz einfach:

- Man sammelt **Daten** (zum Beispiel über Lesegewohnheiten von Schülern oder Erinnerungen an historische Ereignisse oder Ergebnisse naturwissenschaftlicher Versuchsanordnungen).
- Man sortiert sie und stellt – beim Auswerten – **Zusammenhänge** fest: dass Mädchen beispielsweise auffällig häufiger als Jungen Bücher in der Schülerbücherei ausleihen oder dass Großeltern bei Erinnerungen aus der Vergangenheit oft deutlich zurückhaltender erzählen, wenn es um die Nazi-Zeit geht.
- Man **vergleicht** die Befunde nun **mit dem bisherigen Wissens- und Erkenntnisstand**, wie man ihn der Fachliteratur entnehmen kann (in unserem Fall freilich nur ein kleiner Ausschnitt aus der Fachliteratur, versteht sich!).
- Anschließend formuliert man ein **Resümee**: dass die eigenen Befunde bisher Bekanntes bestätigen oder ergänzen (etwa um konkrete lokale Beispiele) oder dass sich da etwas Neues auftut.

Man muss nicht nur „viel draufhaben", **viel Stoff gespeichert** haben, sondern man sollte **1. ideenreich** sein, um Neues herauszubekommen, und **2.** bei aller Leidenschaft für die Aufgabe, der man sich stellt, **von möglichster Distanziertheit**, ja geradezu Kaltblütigkeit, um sich nicht durch erste Eindrücke zu vorschnellen Urteilen hinreißen zu lassen, um weiter zu denken, um skeptisch zu bleiben.

Man könnte es sich sehr einfach machen und sagen: Eine Wissenschaftlerin oder ein Wissenschaftler ***erklärt***. Nun gibt es allerdings verschiedene Niveaus des Erklärens, mal hört man geradezu Selbstverständliches, mal fasziniert uns ein genialer Geistesblitz.
Je weiter man vordringt, je tiefer man unter der Oberfläche gräbt, desto eindrucksvoller werden die Ergebnisse. Nehmen wir die Betrachtung des typischen Börsengeschehens als Beispiel.

– Man **beobachtet**, was sich tut (Phänomen)	Der Kurs der Aktie A steigt, die Kurse der Aktien B und C sinken, der Dax steigt.
– Man **beschreibt** die Fakten	Kurs A, der in der vergangenen Woche um 3,5 % gesunken war, ist heute um 1,5 % gestiegen usw.
– **Erste** (oberflächliche) **Erklärung**	– Kurs A steigt, weil Börsenspezialisten diese Aktie empfohlen haben. – Kurs B sinkt, weil das Unternehmen rote Zahlen schreibt. – Kurs C sinkt trotz einer guten Gewinnlage des Unternehmens; der Kursverlust entspricht dem Rückgang anderer Aktien derselben Branche.

	– Der DAX steigt, weil eine Zinssenkung erwartet wird, was immer die Kurse beflügelt.
– **Zweite** (weitergehende) **Erklärung**	– DAX zeigt positive Tendenz trotz einer negativen Entwicklung an der US-Börse (der die deutschen Börsen meist folgen). D. h., Börsen in Europa folgen nicht länger *unbedingt* der Entwicklung in den USA, das könnte verschiedene Gründe haben (Gründe nennen). – Schnelleres Auf und Ab der Aktienkurse ist auf den steigenden Anteil der *Daytrader* zurückzuführen, die auf Grund gesunkener Gebühren beim Aktienhandel häufiger kaufen und verkaufen (Daten, Belege).

Recherche

So, ich habe ein Thema und ein Konzept, grünes Licht vom Fachlehrer, ich habe das Arbeitstagebuch eröffnet und einen Zeitplan entworfen – es kann losgehen!
Aber womit? Es erscheint jetzt sicher am attraktivsten, direkt an die Untersuchung zu gehen, also beispielsweise das Mikro zu nehmen und loszuziehen, um den Sprecher der türkischen Gemeinde zu interviewen. Aber wie peinlich, wenn Sie im

Die Recherche für Facharbeiten beginnt meist in einer Bücherei.

Gespräch plötzlich merken, dass Ihnen wichtige Hintergrundkenntnisse fehlen – Sie wollen sicher nicht, dass sich die Rollen verkehren und der Interviewte *Sie* fragt, ob Sie sich denn mit den Regelungen zur doppelten Staatsbürgerschaft auskennen?

Daher empfiehlt sich,

- als erstes den **thematischen Hintergrund** zu erarbeiten, was in der Regel Literatursuche und -auswertung erfordert, um sich
- anschließend dem **konkreten Gegenstand der Facharbeit** zu widmen, also zu recherchieren und mithilfe verschiedener Methoden zu forschen.

Der Hintergrund des Themas

Literatur beschaffen

Ansammlungen von Büchern haben etwas Einschüchterndes. Vielleicht weil von ihnen der stumme Anspruch ausgeht, gelesen zu werden? Oder weil ich mir leider angesichts der endlosen Reihen bunter Bücherrücken so recht klein und dumm vorkomme?

Jedenfalls stellt man das Phänomen der so genannten *Schwellenangst* fest, welche viele Menschen davon abhält, eine Bibliothek zu betreten und zu nutzen. (Heute kann man stattdessen ja auch im Internet recherchieren – aber davon später mehr!) Entwickeln Sie, um Frust zu vermeiden und Zeit zu sparen, **Suchstrategien**.

Große Büchersammlungen haben Sie sicher irgendwann in einer Unterrichtsveranstaltung näher kennen gelernt: Schulbüchereien und öffentliche Bibliotheken (Büchereien von Kirchengemeinden, Bücherbusse, Stadtbüchereien u. a.). Büchereien halten heute auch meist andere, audiovisuelle Medien sowie Zeitschriften vor, aber vorherrschend sind natürlich immer noch die Literaturbestände. Sie sind nach **Sachgruppen** geordnet. Das System kann je nach Bücherei variieren.

Hier die Sachbuchabteilung der Stadtbücherei Marburg als Beispiel:

Im 2. Obergeschoss unseres Hauses befindet sich unsere Sachbuchabteilung, die ca. 32.000 Bände umfasst. Um Informationen schneller zu finden, ist unsere Sachliteratur nach Sachgebieten aufgestellt und die Regale sind entsprechend beschriftet.
Folgende Sachgebiete finden Sie bei uns:

A – Allgemeines (z. B. Nachschlagewerke)
B – Biographien
C – Erd- und Länderkunde
D – Heimatkunde (Hessen, Marburg)
E – Geschichte
F – Recht
H – Wirtschaft
G – Gesellschaft, Staat, Politik
K – Religion
L – Philosophie
M – Psychologie
N – Pädagogik
O – Sprache (Sprachkurse etc.)
P – Literatur
R – Kunst
S – Musik, Tanz, Theater, Film
T – Mathematik
U – Naturwissenschaften (Physik, Chemie, Biologie)
V – Medizin
W – Technik (EDV etc.)
X – Landwirtschaft, Gartenbau, Tierzucht
Y – Sport, Spiel, Basteln

Wenn Sie sich nicht von fünf kolossalen Wälzern zum Thema *Zweiter Weltkrieg* erdrücken lassen wollen – wo Sie doch nur das Thema *Kriegsgefangenschaft* in den historischen Zusammenhang einordnen wollten –, sollten Sie zunächst zu **Nachschlagewerken** greifen. Sie erhalten einen ersten Überblick und finden in den Literaturangaben Titel von Büchern und Aufsätzen, die Sie Ihrem Spezialthema näher bringen.

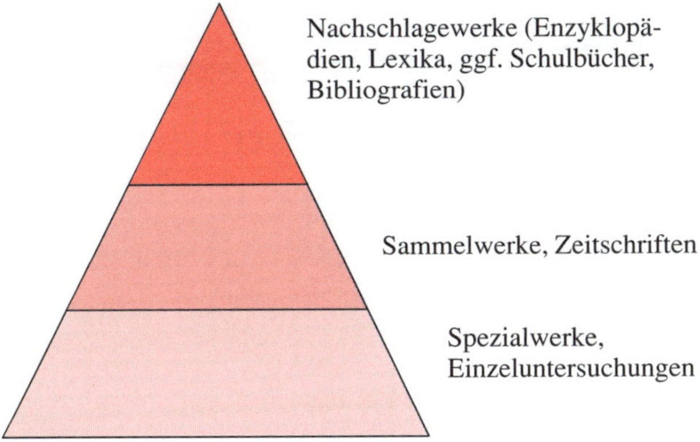

TIPP

Ist das Buch, das Sie – womöglich in der hintersten Ecke des elterlichen Bücherschranks – gefunden haben, überhaupt geeignet? Vertritt der Autor nicht vielleicht völlig indiskutable oder zumindest veraltete Positionen zum Thema Kolonialismus, Gen-Forschung oder Wirkung der Medien? Einige Veröffentlichungen zum Thema Hexen sprechen beispielsweise von neun Millionen Opfern des europäischen Hexenwahns der frühen Neuzeit – das ist aber wissenschaftlich absolut unseriös!
Um ein wenig sicherer zu gehen, orientieren Sie sich an den Angaben **möglichst aktueller** Nachschlagewerke, die gelegentlich die angegebenen Bücher auch bewerten. Und – fragen Sie Ihre Lehrer!

Machen Sie sich also zunächst mit dem jeweiligen Büchereisystem vertraut – fragen Sie! – und widerstehen Sie der Versuchung, einfach die Buchregale entlang zu flanieren, quasi zu surfen.

TIPP
Vielleicht können Sie sogar von zu Hause aus, per Internet, die Bestände Ihrer Bücherei einsehen und so die Suche vorbereiten.
Deutsche Bibliotheken im Internet:
www.hbz-nrw.de
www.gbv.de
www.grass-gis.de
www.rz.uni-duesseldorf.de/WWW/ulb/virtbibl.html
www.ddb.de
www.ubka.uni-karlsruhe.de

Stürzen Sie sich auf die **Kataloge**, in denen die Büchereien ihre Bestände vorstellen, den

- ***Alphabetischen Katalog*** – hier werden die Bücher nach Autor oder Herausgeber alphabetisch angegeben. Hier können Sie ein bestimmtes Buch gezielt aufsuchen. Beispielsweise:

  [Soz 45/879][4] Schivelbusch, Wolfgang: Lichtblicke. Zur Geschichte der künstlichen Helligkeit im 19. Jahrhundert. München, Wien 1983.

- ***Systematischen Katalog*** – der die Sachgebiete von Oberbegriffen ausgehend auffächert und entsprechend die jeweiligen Bestände sortiert, was Ihren Suchstrategien am nächsten kommt – etwa so:

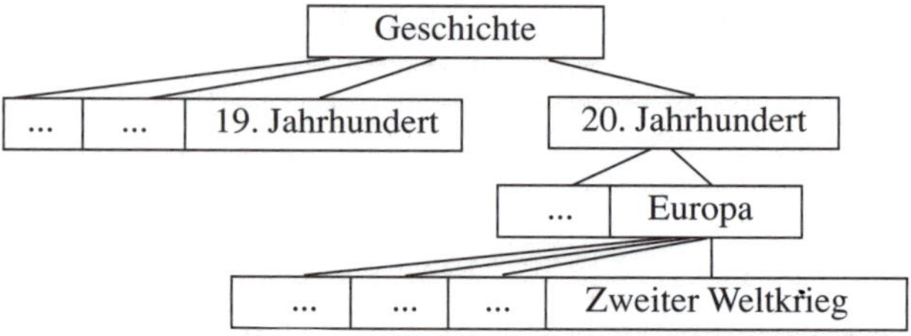

4 Und diese geheimnisvolle Buchstaben-Zahl-Kombination ist die *Signatur*, unter der Sie das Buch in den Regalen finden oder bestellen können.

- ***Schlagwort-Katalog*** – der den Buchbestand nach wesentlichen Stichworten, die den Inhalt mitunter besser angeben als der Titel *(„Lichtblicke“!)*, sortiert. Beispiel:

  [Elektrizität/Geschichte der E./Beleuchtung, elektrisches Licht] Schivelbusch, Wolfgang: Lichtblicke...

> ***TIPP***
> Beginnen Sie die Suche nach Literatur in den öffentlichen Bibliotheken frühzeitig! Sie müssen nämlich, wollen Sie Bücher ausleihen, Mitglied werden (Personalpapiere nicht vergessen!). Außerdem müssen Sie Wartezeiten für evtl. ausgeliehene Bücher einberechnen.

Und wenn die Bibliothek das gewünschte Buch nicht führt? Kein Problem – fast jede Bücherei ist an ein Bücherei-Netz angeschlossen und besorgt Ihnen, über die *Fernleihe*, jedes noch so spezielle Buch von den entlegensten Büchereiregalen in Deutschland. Das ist neuerdings auch *online* möglich. Kosten entstehen nur minimal, aber es dauert!

Karteikästen-Kataloge in einer kleinen Bücherei

Literatur verwerten: das Exzerpieren

So, jetzt haben Sie das Buch, sitzen, mit Papier und Schreibgerät ausgerüstet, im Lesesaal der Stadtbücherei oder befinden sich mit dem entliehenen Wälzer oder mit Kopien der für Sie wesentlichen Abschnitte verschiedener Werke zu Hause am Schreibtisch. Sie lesen – und wie werten Sie das Gelesene aus? Sie könnten natürlich einfach die in Frage kommenden Passagen wörtlich abschreiben, aber das nimmt zu viel Platz in Anspruch, das wäre nicht professionell, worin bestünde da die eigene Arbeit! Es geht vielmehr darum, dem Buch das für Ihre Studie Wesentliche zu entnehmen (und schon Ideen zu sammeln zur Auswertung):

Was können Sie dem Material entnehmen?	**Wie können Sie Ihre Funde in die Facharbeit einbauen?**
einfache Fakten	übernehmen und dabei auf die Quelle (den Fundort, das Buch, den Zeitschriftenaufsatz o. a.) verweisen
direkte Textzitate	nach den Regeln der Zitiertechnik in Anführungszeichen wörtlich übernehmen und auf die Quelle verweisen
ganze Passagen	mit eigenen Worten zusammenfassen und einarbeiten (Hinweis auf die Quelle nicht vergessen!)
Anregungen zur Auswertung	d. h. Sie verwenden das Material für Ihre Studie, belegen auf diese Weise Ihre Aussagen, nutzen es für neue Fragestellungen, deuten und bewerten es

(Zum *Zitieren*, zu *Fußnoten* und *Literaturangaben* mehr auf S. 108 ff.)

TIPP

Notieren Sie immer **sofort** die Quelle, der Sie Ihr Fundstück entnehmen. Auch das schönste Zitat ist wertlos, wenn Sie nachher nicht angeben können, wo Sie es gefunden haben.

Und gleich noch ein

TIPP

Schreiben Sie alle notwendigen Angaben zu Ihrer Literatur auf, bevor Sie ein Buch in die Bibiothek zurückbringen. Auch auf Kopien nicht die Quellenangaben vergessen! So ersparen Sie sich später lästiges Suchen und haben Ihr persönliches Literaturverzeichnis schnell zusammen.

Setzen Sie sich gründlich mit einem Text auseinander, wird das Exzerpieren unumgänglich sein. Diese Textbearbeitungstechnik (*exzerpieren* kommt aus dem Lateinischen: *herausklauben*) meint nicht nur Stichworte, sondern eine Zusammenstellung des wesentlichen Textgehalts.

Vier Schritte:

1. Zunächst lesen Sie den Text im Schnellverfahren.
2. Beim zweiten, gründlichen Lesen markieren Sie wesentliche Worte, Sätze oder Passagen.
3. Sie machen Anmerkungen (Stichworte, bestimmte Zeichen) am Rand des Textes.
4. Nach dem Durchforsten der Vorlage notieren Sie in komprimierter Form den wesentlichen Gehalt des Textes.

Ein Beispiel. Nehmen wir folgende Auszüge aus dem Buch des Regisseurs François Truffaut „Mr. Hitchcock, wie haben Sie das gemacht?“, das Sie für eine Arbeit zum Thema *Bedeutung des Tons in Filmen* auswerten:

Eine Unterhaltung über The Birds *wäre unvollständig, wenn man nicht über den Ton spräche. Es gibt keine Musik, aber die Geräusche der Vögel sind wie eine richtige Partitur behandelt. Ich denke da an eine Szene, die ganz über den Ton läuft: wenn die Möwen das Haus angreifen.*
Als ich diese Szene, den Angriff von draußen mit den verängstigten Menschen im Haus, gedreht habe, bestand die Schwierigkeit darin, dass die Schauspieler reagieren mussten auf nichts. Das Geräusch von Flügelschlagen und Möwengekreisch hatten wir noch nicht. Ich hatte einen Trommler ins Atelier kommen lassen und Mikrophon und Lautsprecher aufgestellt, und jedesmal wenn die Schauspieler Schrecken spielen mussten, half ihnen der Trommellärm zu reagieren.
Dann habe ich Bernard Herrmann gebeten, den Ton des ganzen Films zu überwachen. Wenn man Musikern zuhört, wenn sie komponieren oder ein Arrangement machen oder wenn das Orchester die Instrumente stimmt, dann machen sie oft keine Musik, sondern Geräusche. Die haben wir den ganzen Film hindurch benutzt. Musik gab es nicht. (...)
Sie haben in Ihren Filmen immer schon sehr viel mit dem Ton gemacht und ihn dramaturgisch eingesetzt. Man hört oft Geräusche, die im Bild keine Entsprechung haben, sondern absichtlich auf die vorhergehende Szene verweisen. Es gäbe Tausende von Beispielen dafür.
Wenn ich den Schnitt eines Films abgeschlossen habe, diktiere ich einer Sekretärin ein richtiges Tondrehbuch. Wir schauen uns den Film Rolle für Rolle an, und ich diktiere, was ich jeweils hören möchte. Bisher ging es dabei immer um natürliche Geräusche. Aber jetzt, mit den elektronischen Geräuschen, muss ich nicht nur die Töne angeben, die ich haben möchte, sondern ihre Art und ihren Stil bis ins Kleinste beschreiben. Wenn Melanie auf dem Dachboden von den Vögeln angegriffen wird, gibt es beispielsweise viele natürliche Geräusche, aber wir haben sie stilisiert, um eine größere Intensität zu erreichen. Wir brauchten eine drohende Woge von Vibrationen, nicht nur einen Ton auf einer gleichbleibenden Höhe, um innerhalb dieses Geräusches eine Variation zu haben, eine Entsprechung zu dem unregelmäßigen Flügelschlagen. Selbstverständlich habe ich mir die dramaturgische Freiheit herausgenommen, die Vögel niemals kreischen zu lassen. Um ein Geräusch gut zu beschreiben, muss man sich vorstellen, was sein Äquivalent im Dialog wäre. Auf dem Dachboden wollte ich einen Ton, der dasselbe bedeutete, wie wenn die Vögel zu Melanie gesagt hätten: „Jetzt haben wir dich, jetzt fallen wir über dich her (...)"
In der Schlussszene, wenn Rod Taylor die Tür aufmacht und zum erstenmal alles voller Vögel sieht, wollte ich Stille haben, aber nicht irgendeine Stille, sondern eine elektronische Stille von einer Monotonie, als hörte man in der Ferne das Meer. In den Vogeldialog übersetzt, bedeutet dieser Ton künstlicher Stille: „Wir sind noch nicht ganz so weit, euch anzugreifen, aber wir bereiten uns vor. Wir sind wie ein brummender Motor. Gleich werden wir anspringen." Das muss man aus diesen ziemlich sanften Tönen heraushören, aber dieses Murmeln ist so zart, dass man nicht sicher ist, ob man es hört oder es sich nur einbildet.[5]

ÜBUNG:

Erstellen Sie ein Exzerpt.
(Lösungsvorschlag S. 157)

5 François Truffaut: Mr. Hitchcock, wie haben Sie das gemacht? (aus dem Französischen von Frieda Grafe). 13. Auflage 1989. München 1973, S. 287-289.

Materialsuche und -analyse

Ich habe mich informiert über den fachlichen Hintergrund meines Themas und muss nun hinaus zu den Betroffenen, zu Verantwortlichen, zu Institutionen, um mir Informationen zu beschaffen und um mein Thema zu untersuchen. Jedenfalls gilt das für die meisten Arbeiten – bei einigen Themen kann man sich mit weiterer Literatur- oder Quellenarbeit begnügen oder man arbeitet mit Filmausschnitten am Videogerät oder auch am Computer.
Im Folgenden sollen die wesentlichen Recherche-Methoden, die für Facharbeiten in Frage kommen, vorgestellt werden.

M 1 Methode 1: Interview

Das Interview als journalistische Form
Das Interview ist bekannt als eine journalistische Gebrauchsform. Man veröffentlicht sozusagen das Rohmaterial einer Recherche, die sich stark auf Personen bzw. eine Personengruppe konzentriert, in weitgehend unverarbeiteter Form, höchstens gekürzt und im Wortlaut geglättet. Das wirkt authentischer als ein Bericht.
Das Interview hat einen gewissen Live-Charaker. Wie reagiert eine Person, wenn sie geschickt mit Fragen (Vorwürfen, überraschenden Aspekten) konfrontiert wird? Sie hat ja nicht viel Zeit, sich zu besinnen und beraten zu lassen.
Das Interview in den Medien hat darüber hinaus noch eine andere Funktion bekommen: Das Medium kann damit glänzen, einen Prominenten zu präsentieren. Es erhöht den Wert der Ausgabe oder der Sendung, wenn eine *angesagte Person* hier quasi *live* zu erleben ist.

Ein Interview in der Facharbeit
Auch für die Facharbeit ist ein Interview vorstellbar: Zu einer lokalen Kontroverse wird der Bürgermeister interviewt. Man besucht den Wahlkreisabgeordneten. Zu einem biologischen Thema hört man einen Wissenschaftler der nahe liegenden Universität an usw.

Der Eindruck, hier mache ein Schüler es sich leicht, da er ja den Experten reden lässt und den Wortlaut *nur* abschreibt, trügt. Zunächst muss das Interview präzise vorbereitet sein. Zudem wird die Facharbeit nicht nur aus dem Gespräch bestehen: Es muss ins Thema eingeführt werden und zusätzliche Aspekte, Anmerkungen und Kommentare sollte man wie Links über die Arbeit streuen. Schließlich ist das Gespräch auszuwerten.

Auswertung

Je nach Anlage der Arbeit wird das Interview nur einen Teil der Facharbeit ausmachen und eine Auswertung notwendig erscheinen lassen.

Man untersucht dann das Gespräch wie eine Quelle, notiert Auffälligkeiten (weicht der Gesprächspartner aus, kommt Neues zutage, in welcher Weise reagiert der oder die Befragte?) und gleicht diese mit dem bisherigen Stand der Kenntnisse ab.

Es geht in dieser Auswertung also um das **Festhalten des Erkenntnisgewinns** – nicht bloß um einen *Kommentar*: Man muss sich davor hüten, nachzukarten, d.h. kritisch nachzutragen, was man im Gespräch selbst nicht hatte vorbringen können oder wollen!

Ferner ist es eine besondere Herausforderung und Leistung, sich einer Situation zu stellen, die besondere Geistesgegenwart erfordert. Ich darf meine Chancen im Gespräch nicht verspielen und dem Interview-Partner gegenüber nicht zu schüchtern auftreten! Im Nachhinein können nur Details noch „nachgebessert“ werden.

Hinzu kommt ein großer Arbeitsaufwand beim Bearbeiten des Gesprächs. Ich muss das Band abhören und verschriftlichen, die gesprochene Sprache behutsam in lesbares Schriftdeutsch umwandeln und es wird wahrscheinlich zu kürzen sein.

Hinweise zur Verschriftlichung
Die Verschriftlichung der Gespräche bedeutet viel Arbeit. Treffen Sie, um diesen Aufwand zu verringern, schon beim Abhören der Bänder eine Auswahl für die Abschrift.

- **Zeichensetzung:** Sie müssen selbst über die Interpunktion entscheiden, aber das ist bei einfachen Interviews nicht so stark geregelt wie bei Zeitzeugen-Gesprächen (siehe: *Oral History*, S. 64 ff.). **Pausen und Abbrüche** sollten allerdings durch einen Gedankenstrich („Ich denke, dass – nein, ich muss anders anfangen!") gekennzeichnet werden.
- **Gestrichene Passagen:** [...]. Wenn nötig, fügen Sie eine kurze Zusammenfassung in Klammern an.
- **Gefüllte Pausen**, z. B. „äh", werden nicht notiert. **Zustimmung:** „mhm". **Versprecher** nicht streichen, wenn sie wichtige Hinweise enthalten.
- **Ergänzen Sie, was zum Verständnis des Gesagten erforderlich ist**, wie Regieanweisungen in Klammern: „Vor der Bombardierung sah unser Haus (weist auf ein Wandbild) ganz anders aus!"
- Im **Kopf** sollte jede Abschrift alle wesentlichen Angaben enthalten: Interviewer, Interviewte/r, Ort des Gesprächs, Datum.

Ein Interview, in dem der Interviewer nur selten das Wort ergreift (oder zu Worte kommt), das dem Interviewten aber Gelegenheit gibt, sich flächendeckend auszubreiten, verdient den Namen nicht. Das wäre dann auch keine Eigenleistung für eine Facharbeit! Der Befragte könnte dann ja auch direkt zum Stift greifen oder sich an den Computer setzen und schreiben, was er sagen wollte!
Auch Gespräche, die lediglich der Auskunft dienen – „Wie sind in unserer Gemeinde Asylbewerber untergebracht? Welche Probleme ergeben sich?" – lassen sich besser in Form einer Experten-Befragung abhandeln oder durch gründliche Lektüre ersparen.

Zu beachten beim Interview:

- **Verabredung mit dem Interview-Partner treffen:** Der Gegenstand des Gesprächs muss klar sein und man braucht hinreichend Zeit.
- **Vorbereitung:** Sie müssen – wie oben schon ausgeführt – im thematischen Zusammenhang bestens *bewandert* sein (stellen Sie sich auf Gegenfragen ein!). Und Sie sollten vorher bedenken, ja vorwegnehmen, wie der Gesprächspartner wohl auf bestimmte Fragen reagiert, und sich daher Alternativen überlegen, in welcher Weise man seine Strategien kontert.
- **Nicht starr an einem schriftlich fixierten Fragenkatalog *kleben*** – das wäre kein Gespräch, dann könnte man die Fragen dem Gesprächspartner ja per Post zustellen.
- **Keine Angst vor hohen Tieren!** Ein Interview ist keine geeignete Form, wenn man sich leicht *abspeisen* lässt, zu schüchtern und defensiv bleibt, sich verunsichern lässt und nicht den Mut hat, auch unbequeme Fragen zu stellen („Meinen Sie denn nicht, Herr Bürgermeister, dass es hier angebracht gewesen wäre, die Öffentlichkeit eher zu informieren?"). Das soll aber keine Aufforderung sein, frech zu werden!
- Man braucht ein zuverlässiges **Aufnahmegerät**. Testen Sie es vorher! Kontrollieren Sie die Batterien! Besorgen Sie sich nach Möglichkeit – aus einem Büro? – ein Aufzeichnungsgerät mit Wiedergabe-Set (Kopfhörer und Fußschalter). Genug Bandkapazität?
- **Verschriftlichung:** Anschließend ist, zumindest von wesentlichen Teilen des Interviews, eine Abschrift anzufertigen. Dabei ignoriert man Sprechpausen, lässt Verlegenheitsfloskeln weg und korrigiert offensichtliche Satzbaumängel, die typisch sind für spontanes Sprechen. Auch Redundanzen (überflüssige Wiederholungen und Variationen) sollte man direkt weglassen. Evtl. müssen für das Verständnis wichtige Ergänzungen angebracht werden:
  „BILL GATES *(nach einer Pause)*: ..."

- **Umfang:** Man wird sich wundern, wie viele Seiten ein noch so kurz erscheinendes Gespräch auf dem Papier einnimmt! Sie müssen also kürzen! Manchmal lässt sich auch durch behutsamen Eingriff in den Text eine wortreiche Äußerung ersetzen durch eine knappe Umformulierung (s. S. 92 ff.).
- **Autorisierung:** Gerechtfertigt werden notwendig erscheinende Eingriffe in den Text (Kürzungen, Präzisierungen) durch das OK Ihres Gesprächspartners. Senden Sie ihm die bearbeitete Fassung (ggf. die erste Abschrift des Interviews) zusammen mit der Bitte um schriftliche Genehmigung.
- **Verwahren Sie die Bänder:** Sie sind ein wichtiges Dokument, das man bei strittigen Deutungen der Abschrift braucht, evtl. auch zum Abspielen besonderer Passagen in einer möglichen Ausstellung. Gesprächsabschriften und ggf. auch die Bänder gehören in die **Anlage** Ihrer Facharbeit.
- Machen Sie nach Möglichkeit **Fotos** und notieren Sie sich exakte Daten zur Person. Und fotografieren Sie Dokumente, die man Ihnen zeigt.

M 2 Methode 2: Beobachtung

Wie verhält sich ein Mensch in seinem sozialen Umfeld? Will ich über diese und andere Fragen Erkenntnisse gewinnen, erscheint die Beobachtung als ein geeignetes Verfahren, und man wird auch nach längerem Nachdenken feststellen, welcher Anteil unserer Überzeugungen aus eigenen Beobachtungen gewonnen wurde. „Die Käufer zu Beginn des Sommerschlussverkaufs – das muss man gesehen haben!"
Themenbeispiele finden sich schnell:

- die Entwicklung von Konflikten zwischen älteren und jüngeren Schülern auf dem Pausengelände der Schule,
- wie sich die Rauchergrüppchen in den Nischen des Schulgeländes beim Auftauchen eines aufsichtführenden Lehrers auflösen oder
- die Hackordnung in einem überbesetzten Bus bei der mittäglichen Rückfahrt von der Schule.

Problematisch erscheint an der Beobachtungsmethode allerdings, dass das, was ich beobachte, oftmals durch meine Anwesenheit beeinflusst ist – man kann sich noch so unauffällig

Viele Kinder lassen sich durch Beobachten in ihrem Verhalten kaum beeinflussen.

verhalten, es ist schwer, unbemerkt zu bleiben. So würde dann etwa ein unbekannter Mitfahrer im Schulbus sicherlich mit Misstrauen beäugt werden. Und da jemand, der vorhat, Mitschüler zu drangsalieren, normalerweise darauf achten wird, dass *die Luft rein* ist, muss ein Beobachter sich schon gut tarnen, wenn er Spektakuläres beobachten will.
Man darf beim Beobachten nicht vorschnell unterstellen, dass das Beobachtete authentisch ist, also den typischen Ablauf zeigt. Beobachtete verhalten sich nicht selten *strategisch*, d. h. sie werden sich ihrerseits naiv stellen und den Beobachter im Glauben lassen, er sei nicht bemerkt worden – um ihm dann nach Belieben etwas vorzuspielen, etwa eine *heile soziale Welt*.
Auch liefert die Beobachtung Daten, die nur schwer objektiv zu fassen sind. So können Verkehrspolizisten ja auch nicht auf Augenschein hin einen Autofahrer des zu schnellen Fahrens überführen, sie bedürfen eines technischen Messgeräts. Man muss also den hohen subjektiven Anteil beim Ergebnis berücksichtigen.
All diese Bedenken sollen deutlich machen, dass sich die Methode der Beobachtung im Rahmen der Facharbeit nicht gut für brisante Konfliktsituationen eignet wie im Schulbusbeispiel. Es empfehlen sich für die Beobachtung (aus sicherer Distanz) eher unspektakuläre alltägliche Abläufe wie beispielsweise

- das Verhalten von Passanten an Fußgängerampeln (wird bei Rot die Straße überquert, von wem, wann?),
- das Verhalten von Käufern in der Kassenschlange des Supermarkts,
- das Verhalten der Besucher im Fußballstadion.

Erkundung in einer Molkerei – ein Thema für Sozialwissenschaften, Chemie, Geschichte, Physik ...

M 3 Methode 3: Erkundung

Die Methode der Erkundung lässt sich kurz abhandeln. Sie ist eine der Beobachtung sehr verwandte Methode, geht aber entscheidend darüber hinaus. Hier geht es in der Regel um Institutionen. Wird beispielsweise ein Betrieb erkundet, etwa für eine Facharbeit zum Thema *Die Rolle von e-commerce und e-business im Unternehmen W.*, reicht die Beobachtungsmethode nicht hin, ich muss Beteiligte aus der Belegschaft und der Unternehmensleitung befragen und Zahlen auswerten.

Auch dazu ist wieder genaue Vorbereitung erforderlich und es muss mit den Zuständigen im Unternehmen abgeklärt werden, dass Gespräche zu führen sind, dass evtl. Fotos gemacht werden usw.

Viele Schülerinnen und Schüler haben schon im Betriebspraktikum Erfahrungen mit der Erkundungs-Methode gemacht. Sie eignet sich besonders gut für Themen im gesellschaftswissenschaftlichen Bereich.

Beispiele:
- Die Eine-Welt-Initiative in B. vor dem Hintergrund der Problematik der „Dritten Welt“
- Die Situation der Öko-Landwirtschaft am Beispiel des Hofes F. in B.
- Die Arbeit einer Erziehungsberatungs-Stelle
- Die Förderung junger Unternehmerinnen – dargestellt an der Neugründung des Fitness-Studios von Frau T. in B.

M 4 Methode 4: Umfrage

Der Vorschlag, eine Umfrage zu machen, stößt bei Schülern meist auf große Begeisterung. Ist es der Reiz, einen guten (genehmigten) Grund zu haben, zur besten Unterrichtszeit die Schule zu verlassen, die Fußgängerzone zu belagern und wie ein Reporter mit Mikro in der Hand Passanten anzusprechen? Oder möchte man auch mal selbst solche Daten produzieren, wie sie tagtäglich in den Medien als Attraktion präsentiert werden: *Wie hoch ist die Zustimmung zur Öko-Steuer? Was halten Ehefrauen von schnarchenden Ehemännern? Sollte man in B. eine Ganztagsschule einrichten?*
Mit der Methode der Umfrage erhalte ich Daten über Einstellungen und Verhaltensweisen der Bevölkerung: Essgewohnheiten, individuelle Kaufkraft, Freizeitgestaltung, Parteipräferenzen, Konsumabsichten, Zukunftsvorstellungen usw. Da es aber nicht nur darum geht, auf Reizfragen hin beliebige *O-Töne* (Original-Töne) zu sammeln, vielmehr differenzierte Aussagen und Daten zu ermitteln und zu sortieren, um zuverlässige Ergebnisse zu erhalten, lässt die Begeisterung der Schülerinnen und Schüler häufig schnell nach. Es stellt sich dann nämlich heraus, welche Feinarbeit für die Vorarbeit vonnöten ist!
1. Beispiel Wahlsimulation: Es ist ja noch ein recht einfaches Vorgehen, eine Wahl zu simulieren (oder das Polit-Barometer nachzuspielen). Anhand eines Wahlzettels Kreuzchen machen zu lassen ist vergleichsweise unproblematisch. Da stellt sich eher das Problem der Zuverlässigkeit der Angaben (dazu unten mehr).

2. Beispiel Taschengeld-Erhebung: Schwieriger ist da die Ermittlung der Höhe – und der Verwendung – des Taschengelds. Schon die Frage „Wie viel Taschengeld steht dir monatlich zur Verfügung?“ wird individuell unterschiedlich beantwortet. Zum Taschengeld gehören bei den einen auch die Summen für notwendige Ausgaben wie Schulartikel und Kleidung, was bei anderen mit schmalem Budget die Eltern finanzieren. Und gehören Sonderzuwendungen zu Weihnachten und von den Großeltern dazu? Eigene Verdienste durch Babysitten? usw. Und dann die Untersuchung des Konsumverhaltens! Welche Kategorie findet man für die jeweiligen Ausgabebereiche? Fällt ein CD-Kauf in die Sparte „Unterhaltung“ oder „Freizeit“? Wann ist ein Jeanskauf eine Notwendigkeit, wann Luxus? usw.
3. Beispiel Fernsehnutzungs-Zeit: Die Dauer der Fernsehnutzung ermitteln zu lassen zeigt ebenfalls die Tücken einer Umfrage. Will man Schätzwerte – oder genaue Selbstbeobachtung? Nimmt man einen Tag oder eine Woche? Differenziert man Wochentage vom Wochenende? Und welche Gruppenbildung ist vorzunehmen bei den Programmsparten: Sind Film und Serie etwas anderes? „Musiksendungen“ oder „Unterhaltung“? „Dokumentation“ oder „Nachrichtensendungen/aktuelle Information“? usw. Und wie gewichtet man die Intensität des Fernsehens? Ist Fernsehnutzung nur das konzentrierte Fernsehen, also Fernsehen als Hauptbeschäftigung, oder auch das beiläufige, Fernsehen als Hintergrundrauschen?

Fazit: Man muss sehr genau vorüberlegen, was man herausfinden will! Konkretisieren Sie und setzen Sie Schwerpunkt (s. Kapitel „Themenfindung“ S. 12 ff. und 17 f.), das macht die Vorarbeit leichter. Wenn ich beispielsweise die Hypothese habe: „Jugendliche schalten immer mehr TV-Musiksendungen ein, konsumieren die Musik aber so wie sonst über Audio-Anlagen, als ständige Geräuschkulisse“, dann kann ich meinen Fragebogen stark konzentrieren. Die Fragen müssen so eindeutig sein (so einfach verständlich, so wenig Ermessensspielraum zulassend), dass die verschiedenen Befragten auch das Gleiche darunter verstehen.

TIPPS

- Mit den Methoden der Befragung, ihrer Auswertung und der Präsentation der Ergebnisse dürften Sie ja aus den gesellschaftswissenschaftlichen Fächern her vertraut sein. Sie sollten diese Methode nur wählen, wenn Sie sich in diesen Anwendungen sicher fühlen!
- Besprechen Sie Ihren Fragebogen unbedingt mit dem Fachlehrer, der Fachlehrerin!

Zuverlässigkeit der Antworten
Wer gibt schon gern heimliche Vorlieben zu? (Wär ja auch widersprüchlich!) Wer viel Geld für Süßigkeiten ausgibt, wer am allerliebsten die Sendung „Musikantenstadl“ einschaltet – möchte der- oder diejenige das nicht lieber für sich behalten? Eine Umfrage, zudem in einem engeren persönlichen Umfeld, brächte es jedenfalls mit ziemlicher Sicherheit an den Tag. Heikler noch: Eine Wahl kann noch so geheim sein, wenn eine kleinere Partei einmal angekreuzt worden ist bei der Simulation, kann man meist ohne Mühe rekonstruieren, wessen Kreuz das war. Will sagen: Umfragen in der Schule oder in einem anderen kleinen Umfragebereich sind weniger zuverlässig, wenn es sich um Reizthemen handelt.

Drei wichtige Bedenken:

1. Eine Befragung ist nur bei einem Untersuchungsgegenstand als Methode angebracht, zu dem zuverlässige und vertrauenswürdige Angaben der Befragten zu erwarten sind!
2. Eine Befragung ist ferner nur dann angebracht, wenn das Ergebnis vorher durchaus noch offen ist, also wenn nicht von Beginn an klar ist, was herauskommt, oder wenn nicht im Grunde nur bestätigt werden soll, was der Untersuchende gern herausbekommen möchte. Dann hätte die Befragung wenig Wert. Sie soll ja etwas Neues zeigen und beweisen!

3. Nicht jeder Mensch lässt sich gern befragen und opfert ohne Murren die drei bis 30 Minuten, die man sich gewöhnlich einer Befragung widmen muss. Daher sollten Sie darüber informieren, was der Sinn dieser Aktion ist.

TIPPS

- Wählen Sie eine nicht zu kleine Untersuchungsgruppe, in der sich Besonderheiten zu stark auswirken könnten. Die Ergebnisse müssen *signifikant* sein, d. h. klare Resultate, die Aussagen zulassen, enthalten.
- Offene Fragen („Welche Einstellung haben Sie zum Kriegseinsatz der Bundeswehr?“) sind in einer Diskussion angebracht, machen aber in einer Umfrage Befragten und erst recht den Auswertern viel Arbeit! Man muss dann im Nachhinein Kategorien bilden, d. h. die Antworten zuordnen. Günstiger sind vorgefertigte Antworten, in denen sich (fast) alle verschiedenen denkbaren Positionen wiederfinden, ohne dass der Befragte seine Ansicht verbiegen müsste. Sie dürfen aber nicht zu einfach sein („1. Ich stimme zu.“ – „2. Ich lehne ab.“ – „3. Ich habe keine Meinung.“).
- Formulieren Sie eindeutige Fragen, was meist bedeutet, Sie müssen Begriffe definieren. Z. B. bei der Frage „Wie oft fahren Sie pro Jahr in Urlaub?“ wäre die Grenze zwischen Urlaub und einem Kurzbesuch bei Verwandten zu ziehen: Sind vier Tage bei den Großeltern in den Bergen Urlaub oder nicht?
- Machen Sie mündlich oder in Vorerklärungen des Fragebogens deutlich, ob es sich um eine anonyme Befragung handelt oder nicht. (Auch wenn die Befragung anonym ist, brauchen Sie doch oft noch Angaben wie Alter und Geschlecht.)

Weitere TIPPS

- Testen Sie Ihre Befragung vorab an Testpersonen!
- Es ist immer etwas unbefriedigend, wenn sich Befragte eine gewisse Mühe machen müssen, ohne dass ihr kleiner Aufwand zumindest gelohnt würde durch ein Echo! Man sollte sich netterweise die Mühe machen, die Auswertung der Untersuchungsgruppe nachher auch bekannt zu machen.

Literatur-TIPP

Details über Fragebögen, Tabellen und Diagramme finden Sie in: Kolossa, Bernd: Methodentrainer. Arbeitsbuch für die Sekundarstufe II – Gesellschaftswissenschaften. Berlin 2000, S. 55 ff. und 64 ff.

M 5 Methode 5: Experten-Befragung

Die Experten-Befragung ist eine vergleichsweise einfache Methode: Man sucht Institutionen, Verantwortliche, Fachleute auf, um Aspekte des Themas bei ihnen zu recherchieren.

Beispiel: Regenwasserversickerungs-Verordnung
Sie beabsichtigen das Thema *Diskussion um eine Regenwasserversickerungs-Verordnung im neuen Baugebiet „Im Klei" in B.* zu bearbeiten. Ausgehend von Informationen eines Bekannten, der zu den Bewohnern zählt, die sich unzufrieden zeigen mit der neuen städtischen Verordnung, recherchieren Sie bei einigen weiteren Bewohnern und informieren sich über die öffentliche Diskussion, wie sie sich in der Lokalpresse niederschlug (Besuch im Archiv der Lokalzeitung).
Die fachlichen Hintergründe werden in der öffentlichen Kontroverse allerdings nicht ganz klar: Stehen ökologische oder finanzielle Argumente im Vordergrund? Sind die Folgeprobleme, die die Anwohner anführen (vorgeschriebene Sickergrube, massivere Kellereinschalung) nicht übertrieben dargestellt? Verharmlosen die Befürworter die Belastungen?
Um diese Unklarheiten so weit es geht zu beseitigen, ist es angebracht, mit Experten zu sprechen. Das wären:

- die städtische Umweltbeauftragte, die aus ökologischer Sicht das Vorhaben begrüßt,
- der Kämmerer[6] oder ein Sachbearbeiter aus der Kämmerei im Rathaus, der die finanziellen Zusammenhänge erklären kann (die Regenwasserverordnung reduziert die städtischen Erschließungskosten),
- der bei den Stadtwerken Zuständige für das Thema Abwasser – die Kompetenzen können in jeder Kommune anders geregelt sein –, der vielleicht wichtigste Experte in diesem Zusammenhang: Was hält er von einer Reduzierung des Abwassers in der Kanalisation?

---

6 Der Kämmerer ist der für die städtischen Finanzen verantwortliche Spitzenbeamte (unter dem Bürgermeister) im Rathaus.

Solche Experten-Befragungen müssen, versteht sich, wie Interviews gut vorbereitet sein. Man trifft oft auf Personen, die unter Termindruck stehen oder die das typische Experten-„Leiden“ an sich haben, wenig Verständnis für das fachliche Unverständnis von Laien zu zeigen. Das führt nicht selten dazu, dass über die Köpfe der Nicht-Fachleute hinweggeredet wird oder dass die Fachleute sich, unter Stress, ungeduldig ausdrücken und auf diese Weise gerade Schüler sehr verunsichern können, so dass diese nur rezipieren, auf die Bandaufzeichnung vertrauen und die Ausführungen unverstanden weiter verarbeiten. Eine echte Herausforderung! Seien Sie so gut wie möglich vorbereitet, um die Auskünfte während des Gesprächs auch nachvollziehen und um tiefer in die Materie vordringen zu können, ggf. auch um dem Experten mal widersprechen zu können, wenn dieser aus seiner Sicht die Gegenargumente zu sehr abtut.
Auch diese Experten-Gespräche sollten (müssen aber nicht) wie ein Interview (s. S. 45 ff.) auf Band aufgezeichnet werden, um ggf. wörtlich zitieren zu können. Allerdings müssen die gespeicherten Gespräche nicht aufwändig verschriftlicht, verarbeitet und genehmigt werden.

M 6 Methode 6: Experiment

Das Experiment ist eine Methode, die sich im Wesentlichen für naturwissenschaftliche Themen eignet, nur in eingeschränktem Maße für gesellschaftswissenschaftliche Arbeiten. Was ein Experiment ist, dürfte bekannt sein: Man testet Annahmen über den Verlauf natürlicher Prozesse; in anderen Worten: Man inszeniert durch eine Variable, die planmäßig in ein Gefüge von Bedingungsfaktoren eingebracht wird, einen Vorgang und beobachtet systematisch, was nun passiert. Allerdings wird der Begriff im Schulalltag fast synonym gebraucht für *Versuch*, für *praktische Arbeit;* gemeint ist meist lediglich *Veranschaulichung*, und nicht, wie etwa Josef Weizenbaum, ein international bekannter Computerspezialist, formuliert: „... eine Frage, die man an die Natur stellt."[7]

Beispiele: Man sägt Baumscheiben an und konstruiert neue Lebenräume für Wildbienen – Arbeitsthema: *Entwicklung der Wildbienen unter unterschiedlichen, experimentell erstellten Lebensbedingungen*. Hier entsteht das eigene Thema erst durch ein Experiment.
Ein anderes, im strengen Sinn weniger experimentelles Thema: *Ermittlung des Vitamingehalts von Wintergemüse*. Hier wird ein vorgegebenes Thema lediglich mit einer Versuchsanordnung bearbeitet.

Ein wichtiges Kriterium für Experimente ist die Wiederholbarkeit! Das macht eine sehr exakte Beschreibung des Versuchsaufbaus, der Materialien, der ablaufenden Prozesse usw. erforderlich!
Für sozialwissenschaftliche Facharbeiten ist die Methode des Experiments nicht gut geeignet. So reizvoll es erscheinen mag, beispielsweise Gruppenstrukturen und die mögliche Manipulierbarkeit von Schülern experimentell zu untersuchen, so dürften jedoch die Bedenken überwiegen, wie wenig zuverlässig eine solche Versuchsanordnung in einer Schülerarbeit ist.

---

7 „Lernen kann ruhig schwer sein", Interview mit Hanno Heidrich und Andreas Bauer, taz vom 9. Januar 2001, S. 4

M 7 Methode 7: Fallstudie

In der Fallstudie wird für ein allgemeines Thema stellvertretend ein besonderer Fall herangezogen und untersucht. Der Nachteil, dass kein Einzel-Fall alle Aspekte der Gesamtproblematik abdecken kann, wird ausgeglichen durch die Gründlichkeit, mit der ich mir dieses eine Beispiel vornehme. Im *Prozess der Erkenntnisgewinnung* ist die Fallstudie dann zumindest ein Puzzleteilchen.
In der Fallstudie kommen viele Methoden zusammen: Die gründlich recherchierten Informationen werden systematisch dargestellt und untersucht, wobei ich versuchen muss, zu erklären, wieso es zu dem „besonderen Ereignis", das ja einen Fall ausmacht, gekommen ist. Bei der anschließenden Deutung wird der Fall in den größeren Zusammenhang gestellt und auf das Typische hin abgeklopft.

Beispiel für eine Fallstudie:

- Wie Melanie F. ihre Magersucht überwand (eine Fallstudie/ Erziehungswissenschaften)
  Die Schülerin Melanie F. war im Alter von 15 Jahren magersüchtig geworden, überwand aber nach Therapie und Sanatoriumsaufenthalt ihre Krankheit, kehrte zurück an die Schule und stellte sich nach einiger Zeit zur Verfügung, um über die Krankheit vor Schülerinnen und Schülern zu berichten.
  In einer solchen Facharbeit können die Schülerinnen und Schüler den Einzelfall ausgiebig erkunden und darstellen, um dann wissenschaftliche Erklärungsansätze krisenhafter Sozialisationsverläufe u. a. auf diesen Fall anzuwenden. Hinzuziehen lassen sich auch aktuelle Berichterstattungen in den Medien, Fachliteratur, Beispiele aus Jugendbüchern.
  Als Problem dürfte sich für solche Fallstudien individueller Krisen – vor allem, wenn man an Themen wie Aggressionsverhalten, Missbrauchsfälle, Suizidgefährdung denkt – das Geheimhaltungsgebot erweisen. In der Regel dürfte es angeraten sein, in einer Pädagogischen Beratungsstelle nach einem Fallbeispiel für das eigene Interessengebiet zu fragen, das dann anonymisiert wird.

Methode 8: Auswertung privater Quellen

Vor allem für geschichtliche Themen dürfte sich das Auswerten privater Quellen als sehr geeignet erweisen. Der Niederschlag der Geschichte bzw. gesellschaftswissenschaftlicher Probleme im Alltag einzelner Bürger oder einer Familie scheint genau den angemessenen Konkretisierungsgrad zu versprechen.

Einzelne beispielhafte Themen:

- Geschichte eines Hauses
- Untersuchung des Familien-Stammbaums
- Erforschung des Werdegangs des familiären Betriebs
- Sichtung des familiären Familienalbums unter bestimmten Aspekten, z. B. von Kriegsereignissen, Wirtschaftswunder
- Analyse von Briefen (Feldpostbriefe, Briefwechsel in strittigen öffentlichen Angelegenheiten, etwa einer Anwohnerinitiative)

Vielleicht keine Zukunft – aber sicher eine interessante Vergangenheit dürfte dieses Gebäude haben.

- Auswertung von privaten Sammlungen und kleinen privaten musealen Beständen (von der Briefmarkensammlung bis zu den – über das Private schon hinausgehenden – Archivalien des Ortsteilchronisten)

Alle beispielhaft genannten Themen können sich als Facharbeitsaufgabe eignen, bergen allerdings Risiken. So etwa, dass eine Sammlung einen zu privaten Charakter hat und kein gesellschaftlich relevantes Thema widerspiegelt. Eine Chronik der St.-Sebastianus-Junggesellenschützenbruderschaft in B. dürfte kaum das sein, was man sich gemeinhin unter einer Facharbeit vorstellt!
Es wird auch nicht jede Familie von der Vorstellung begeistert sein, dass ihre Fotoalben und erst recht Briefsammlungen voll privater Anspielungen für eine wissenschaftpropädeutische Arbeit *ausgeschlachtet* werden.

TIPP
Wie bei der nächsten Methode, der *Oral History*, werden die Bearbeiter viel Zeit und Mühe verwenden auf die Dokumentation des Materials (Besorgen des Materials, Fotografieren, Kopieren). Darüber darf nicht vergessen werden, dass diese Quellen auch ausgewertet werden sollen! Bedenken Sie die Hauptschritte einer solchen Facharbeit:
- Skizzierung des zeitgeschichtlichen Hintergrunds
- Beschreibung des Materials
- Analyse der Quellen

M 9 Methode 9: *Oral History*

Vom Volksmund in die Feder. Solange es die menschliche Sprache gibt, wird *Oral History* praktiziert. Schon die Mythen unserer Urahnen wurden von Generation zu Generation mündlich weitergegeben und meist basierten diese auf Erscheinungen und Begebenheiten der Vergangenheit.

Als *Oral History* bezeichnet man die Form der schriftlichen Geschichtsaufzeichnung, bei der alle Informationen auf Aussagen von Zeit-Zeugen und -Zeuginnen beruhen. So wurden zum Beispiel ältere Bewohner des Ruhrgebiets zum Elend der Bergarbeiter um 1890 befragt und man gewann dadurch ein umfassendes Bild der sozialen Probleme jener Zeit.

Der Forderung nach Objektivität in der Geschichtsschreibung kommt *Oral History* allerdings nicht entgegen. Im Gegenteil: Weil es gerade um die persönliche Sicht geht, dürften sich durchaus große Differenzen zwischen verschiedenen Aussagen ergeben. Man vermittelt dem Leser das „durch die Brille des Gesprächspartners Gesehene“, das Subjektive. Daraus soll dann im Kopf des Betrachters ein Bild der Vergangenheit entstehen. Erst in zweiter Linie geht es um die Auswertung.

Es sollte sorgfältig überlegt werden, wer als Zeit-Zeuge herangezogen wird. Verschiedene Perspektiven schaffen eine Breite des Materials und produzieren vielleicht sogar Widersprüche, die eine spezielle Analyse erforderlich machen.

Zu beachten beim Zeitzeugen-Gespräch:

- Man braucht – versteht sich – ein **Aufnahmegerät**, möglichst auch einen **Fotoapparat**, und: viel **Zeit**. Dies ist ja kein einfaches Interview (s. S. 45 ff.), vielmehr geht es darum, eine Erzählatmosphäre entstehen zu lassen. Da müssen störende Faktoren ausgeschaltet werden, es bedarf einer ruhigen, ablenkungsfreien Umgebung.
- Es ist auch wichtig, die oft ein wenig scheuen Gesprächspartner erst einmal ans laufende Aufnahmegerät zu **gewöhnen**.

- Verwahren Sie die **Bänder**, sie sind ein wichtiges Dokument (Sie haben damit eine **Quelle** geschaffen!), das man bei strittigen Deutungen der Abschrift braucht, evtl. auch zum Abspielen besonderer Passagen in einer möglichen Ausstellung.
- Wichtig in dem Zusammenhang auch: Machen Sie möglichst **Fotos** und notieren Sie sich **exakte Daten zur Person**. Und fotografieren Sie **Dokumente**, die man Ihnen zeigt.

Die Verschriftlichung

Die Verschriftlichung der Gespräche ist ein aufwändiger Vorgang. Sie ersparen sich aber viel Arbeit, wenn Sie schon beim Abhören der Bänder eine Auswahl für die Abschrift treffen. Beachten Sie dabei folgende Regeln, die über die Gepflogenheiten der Verschriftlichung von Interviews hinausgehen (s. S. 47); sie sind notwendig, da Missverständnisse bei der Analyse so weit wie möglich vermieden werden sollten:

- Bei jedem **Sprecherwechsel** eine neue Zeile beginnen.
- **Dialektausführungen:** schreiben, wie gesprochen wurde. Ein Dialektwort oder -satz wird mit vorangesetztem (+) gekennzeichnet (Übersetzung ggf. in Klammern).
- **Zeichensetzung:** Es gelten die üblichen Satzzeichen. Die Abschreibenden müssen selbst entscheiden, welches Zeichen sie wo setzen. Eine nicht selten schwierige Aufgabe, vor allem, was Pausen, Versprecher, gleichzeitiges Sprechen usw. angeht.
- **Pausen und Abbrüche** sollten durch einen Gedankenstrich („Er kam – also das war damals so ...“) gekennzeichnet werden.
- Notieren Sie **Streichungen** folgendermaßen: [...]. Fügen Sie ggf. eine kurze Zusammenfassung in Klammern an.
- **Gefüllte Pausen**, z. B. „äh“, werden nicht notiert. Zustimmung: „mhm“.
- **Versprecher** werden notiert. Sie enthalten oft wichtige Hinweise!

- **Synchrones Sprechen** wird durch senkrechte Balken wiedergegeben:

  | M: Die Ernte war damals sehr schlecht ...
  | W: Ja, viele mussten hungern.
- **Hervorhebungen:** Nach Wörtern und Sätzen, die mit Gefühlsbewegung oder -regung ausgesprochen werden, stehen je nach Intensität ein oder zwei Ausrufezeichen („Es war furchtbar!!") – Besonders betonte Wörter oder Wortteile sind durch Unterstreichen hervorzuheben: „Es war so nett bei denen!"
- **Unverständliches** ist durch fünf Punkte in runden Klammern anzuzeigen. Lässt es sich allerdings erschließen, dann steht die vermutete Aussage, mit einem Fragezeichen versehen, in ebenfalls runden Klammern.
- **Notwendige Ergänzungen** zum Verständnis des Gesagten sind in Klammern hinzuzusetzen: „... da brauchste viel (reibt Daumen an Zeigefinger)."; „... der war so groß (zeigt etwa 50 cm an)."; „Das war ein feiner Kerl (ironisch)."
- **Erklärungen**, die zum Verständnis des Textes unabdingbar sind (vor allem wenn Bekannte/Verwandte interviewt werden), sollten als Fußnote angemerkt werden.
- Im **Kopf** sollte jede Abschrift alle Daten enthalten: Interviewer, Interviewte (Alter, Beruf, Situation zur erzählten Zeit), Ort des Gesprächs, Datum, Zeitdauer, Band-Nr. Auch wichtig: fortlaufende Nummerierung.

Auswertung

Die schriftlich vorliegenden Gesprächsabschriften werden nun in der Regel zu knappen Zusammenfassungen verarbeitet, verwenden Sie aber möglichst viele Originalzitate, um den Charakter dieses Materials deutlich werden zu lassen. Und: Nicht nur in den Abschriften sollte die unverfälschte Originalsprache beibehalten bleiben, auch natürlich in der Auswertung! Es geht nicht um korrektes Deutsch – es geht um die Authentizität. Wie viel Subjektives, wie viel Betroffenheit, wie viel Gefühl kommt zum Ausdruck, wenn ich die sprachlichen Unebenheiten, die sehr viel geschichtliche Realität enthalten, unverändert lasse!

Aber eine Facharbeit darf nicht nur aus der Wiedergabe des Gesprächs oder der Gespräche bestehen. Leiten Sie die einzelnen Beiträge ein, geben Sie zusätzliche Erklärungen, so weit notwendig, benennen Sie Widersprüchlichkeiten, notieren Sie Auffälligkeiten im Gesprächsverhalten („In den Gesprächen wurde auch immer wieder deutlich, dass die Bevölkerung die Entnazifizierung scharf von der Wiederaufbauphase Deutschlands trennte.“) und kommentieren Sie zum Schluss. Hier zeigt sich dann auch, wie gut Sie sich vor Ihrem Gespräch, Ihren Gesprächen in das Thema eingearbeitet haben (Gesprächsabschriften und ggf. auch die Bänder gehören in die **Anlage** zur Facharbeit).

Literatur-TIPP
Näheres in der Zeitschrift *Geschichte lernen*, Heft 76/Juli 2000. Thema: *Oral History*.

(Vgl. auch die beispielhafte Facharbeit „Das Schicksal deutscher Kriegsgefangener in der Sowjetunion – ein Soester erzählt“ ab S. 127!)

In Oral-History-Projekten sind die Gespräche selbst in der Regel ein ganz besonderes Ereignis für Schülerinnen und Schüler.

M 10 Methode 10: Archivarbeit

Archive wirken, wie auch Bibliotheken, Buchhandlungen, Museen, auf viele Menschen einschüchternd. Natürlich zu Unrecht: Meistens freut man sich hier über Besucher. Denn was wären diese Schatzkammern der Erinnerung, würden nicht gelegentlich wissenschaftspropädeutische Spürnasen ihre Schwellenangst überwinden und durch ihr neugieriges Suchen anzeigen, dass es schon von besonderem Wert ist, was man da sorgsam und systematisch speichert und hütet.
Und was ist das? Archiviert werden vor allem Akten („behördliches Schriftgut"), alte Urkunden, Karten, Pläne, Zeitungen, Plakate, Flugschriften, aber auch Ton- und Filmdokumente, Fotos sowieso, und neuerdings elektronische Datenträger – also Zeitdokumente, die wegen ihrer Bedeutung aufbewahrt werden müssen. Oft ist den Archiven eine kleine Bibliothek angeschlossen.
Es gibt Archive in den unterschiedlichsten Formen und Funktionen: Firmenarchive, Archive von Kirchengemeinden und anderen Institutionen, jede Schule hat, wenn man so will, ein Archiv, nämlich die abgelegten Dokumente wie Klassenbücher, Zeugnislisten usw., und in Pressehäusern oder der Geschäftsstelle der Lokalzeitung vor Ort heißt schon die Sammlung der gebündelten Ausgaben ab 1949 oder 1953 in dickleibigen Zeitungsbänden *Archiv*. Immer mehr Archive findet man auch im Internet (aber dazu unten, ab S. 72, mehr). Ja, und dann gibt's neben den Staatsarchiven die *Stadtarchive*, die uns im Zusammenhang der Facharbeit am meisten interessieren. Diese städtischen Archive sind aber nur in größeren Kommunen eigene Einrichtungen mit speziellen Öffnungszeiten, mit Personal und Arbeitsräumen. In anderen Orten muss man sich erst im Rathaus den Schlüssel abholen zu düsteren Kellerräumen oder darf nur in Begleitung des Archivars nach Material suchen.
Hier lässt sich nun vorzüglich forschen: nach der Familiengeschichte, nach Dokumenten über die Hexenjagd am eigenen Wohnort, wenn es denn noch Quellen gibt, oder nach den Ergebnissen der ersten Kommunalwahl nach dem Krieg.

Die Breite vieler Archive führt logischerweise zu einer Materialmasse, die einen schier überwältigt. Das fasziniert, aber es verunsichert auch: Wie hier etwas finden!?
Nun, es ist klar, man muss gezielt suchen – und die **Suchpfade** nutzen. Und diese sind grundverschieden von denen in Bibliotheken oder im Internet. Denn die Archivalien sind nach **Herkunft** gegliedert (also z. B. „Sozialamt") und nicht nach sachlichen Gesichtspunkten, wie Büchereien ihre Bestände ordnen. Man orientiert sich entsprechend dieser Systematik an ***Findebüchern***, die die Bestände, mit Signaturen versehen, angeben. Und dann kann man die Dokumente bestellen. Oft bekommt man sie mikroverfilmt vorgelegt – die Originale sind sicher im Keller verwahrt und die Kopien führen eine Schattenexistenz als DIN-A5-Folie, die man per Lesegerät studieren kann. Man kann die Dokumente dann oft auch fotokopiert erhalten.
Viele Dokumente sind nicht zugänglich. Denn es gibt Sperrfristen für Akten, in der Regel 30 Jahre. Von Ausnahmen abgesehen kann ich also Schriftgut jüngeren Datums nicht einsehen. Noch länger sind die Fristen bei personengebundenen Daten, beispielsweise Prozessakten.

Archivarbeit beginnt oft mit der Entzifferung einer uns fremden Schrift.

Warnung
Ach übrigens, es mag den einen oder anderen ja vielleicht überraschen, aber ältere Dokumente sind handschriftlich verfasst! Zum Teil auch in Sütterlin! Vielleicht sollten Sie sich besser auf Themen aus neuerer Zeit stürzen? – Aber wer Talent und Lust hat: Diese Schrift kann man vergleichsweise schnell lernen – oder sich von Sütterlin-Kundigen übertragen lassen.

Die Bestände in Archiven sind, anders als in Bibliotheken, nach dem Herkunftsprinzip geordnet.

Alles Weitere erfährt man vom Personal des Achivs. Auch die oft recht strengen Regeln, die in diesen heiligen Speichern herrschen – zum Schutz des empfindlichen Materials! (Vor allem ältere Dokumente könnten durch zu häufige Benutzung stark in Mitleidenschaft gezogen werden.) Man bedenke: Anders als in Bibliotheken sind die Archiv-Bestände nicht in erster Linie für das Publikum aufbewahrt, sondern für die so genannte *Nachwelt*, zur Dokumentation, für juristische Klärungen, für spätere wissenschaftliche Untersuchungen – insofern allerdings auch für Schülerinnen und Schüler im Auftrag einer Facharbeits-Forschung.

Beim Archiv-Besuch zu beachten:

- Bedenken Sie, dass Sie nicht unbedingt die einzige Person sind, die wegen der Facharbeit das Archiv aufsucht! Es könnte sein, dass in diesen Tagen und Wochen viele Ihrer Mitschülerinnen und Mitschüler auf dieselbe Idee kommen.
- Beachten Sie die **Öffnungszeiten**. Melden Sie sich ggf. vorher an.
- Vielleicht brauchen Sie eine Art *Visum*, eine Bescheinigung der Schule als Sicherheit für das Archiv.
- Es versteht sich ja von selbst: Bitte belasten Sie nicht die Sachbearbeiter oder Archivare mit Ihren Problemen bei der Facharbeit – die Erwartung des selbstständigen Arbeitens gilt auch für die Arbeit im Archiv! Man wird oft nachfragen müssen, um sich im System des jeweiligen Archivs zurechtzufinden, aber ansonsten sollten Sie schon gezielt – und allein – die **Suchhilfen** des Archivs nutzen!

Literatur-TIPP

Rohdenburg, Günther: „Archiv. Verstaubt sind nur die Regale“. In: Dittmer, Lothar/Siegfried, Detlef (Hg.): Spurensucher. Ein Praxisbuch für historische Projektarbeit. Weinheim und Basel, o.J., S. 36-49.

M 11 Methode 11: Internet-Recherche

Flapsig gesprochen unterscheidet sich das Internet vom Archiv nur in dreierlei Hinsicht: es ist größer, es ist virtuell und es erzeugt keine Schwellenangst. Dafür aber Kosten.
Zwar ist das *World Wide Web* die weltweit größte Ansammlung von Informationen, doch es ist schon müßig zu betonen – setzen wir voraus, dass Sie einen Zugang zum Internet haben, privat oder über die Schule –, dass man sich vom Internet nicht zu viel versprechen sollte. Für die meisten Recherchen liefert das Internet das schiere Übermaß an Informationen, man wird vor dem Monitor sitzend vermutlich noch mehr als im Archiv oder in einer Bibiothek erschlagen von den Materialmassen – und frustriert von der Wertlosigkeit vielen Ma(r)terials.

Wie kann man das Internet für die Facharbeit nutzen?

- **E-Mail:** Kommunikation mit dem Fachlehrer, der Fachlehrerin, mit Mitschülern und Bekannten, auch mit einer Kontaktperson bei der Recherche, also Auskunftgebern und Interviewpartnern
- **Chat/Newsgroups:** Informations- und Gedankenaustausch (auch Plausch) im direkten *Netz-Gespräch*
- **Schwarze Bretter in Newsgroups:** elektronische Pinn-Wände für gezielte Suchgebote, Fragen und Bitten
- **Archive:** z. B. von Presseorganen, Zugriff auf Veröffentlichungen der jüngeren Vergangenheit
- **Besuch auf einer Homepage:** gezielter Zugriff auf Informationen einer Institution und Möglichkeit der direkten Kontaktaufnahme
- **Suchmachinen/Metasuchmaschinen:** versuchen, die Fülle der Informationen im weltweiten Netz zu bewältigen – und uns mundgerecht zu bedienen
- **Surfen:** wie einst bei der Lexikon-Recherche ein Springen von Hölzchen auf Stöckchen (von Link zu Link); mag zu Zufallstreffern führen
- **Portale:** Vorstrukturieren der Internet-Möglichkeiten nach Kategorien

Dimensionen des Internets für die Facharbeit

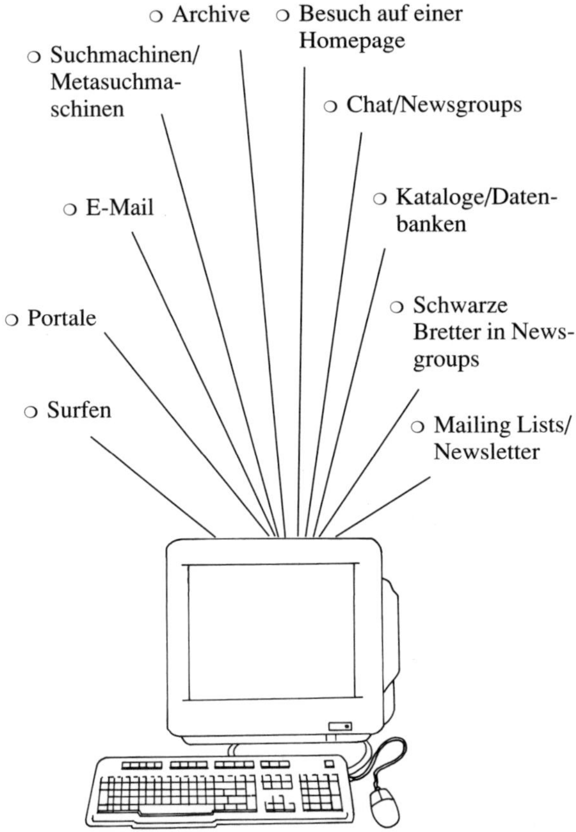

Thema Internet	Homepage-Werkstatt

- **Kataloge/Datenbanken:** handverlesene Vorauswahl der Informationsfülle des Internets und klassisch strukturiertes Suchen nach Kategorien
- **Mailing Lists/Newsletter:** schicken Ihnen die Informationen gratis zu

- **Thema Internet** – das meint: Man kann das Internet selbst zum Thema machen!
- **Homepage-Werkstatt:** Warum sollte man die Facharbeit nicht in Form einer Homepage (oder einer CD-Rom) erstellen und einreichen?

Suchmaschinen:
Wenn Sie in einer Suchmaschine nach dem Stichwort *Atomkraft* fahnden, bekommen Sie vermutlich über 25.000 Dokumente genannt, *Kernkraft* ergibt noch mal über 12.000. Wenn Sie das Stichwort *Inquisition* eingeben, haben Sie bei *Lycos* 76.000 Treffer, bei anderen weniger oder mehr; tippen Sie *Hexe* ein, ergießt sich ein Segen von rund 500.000 Nennungen, aber wenn Sie Texte suchen, in denen es um das Hexenwesen **und** um die Inquisition geht, dann erhalten Sie deutlich weniger Angaben!
Um gezielt zu suchen, hat sich ein System der **Stichworteingabe** herausgebildet, das bei den meisten Suchmaschinen gleich ist:

Sternchen-Suche
Wer zum Thema Hexenwesen recherchiert, müsste eigentlich auch unter dem Stichwort *Hexenverfolgung*, *Hexenwahn*, *Hexenjagd* usw. suchen. Um das gesamte Begriffsfeld abzugrasen, setzt man ein Sternchen ohne Leertaste hinter den Hauptbegriff:
Hexe*

Plus-Suche
Wenn Sie aber die Angaben reduzieren wollen und entsprechend der Konkretisierung Ihres Themas eine Art Aspekte-

Durchschuss durchs Gesamtthema wünschen, dann suchen Sie nur die Dokumente zum Thema „X“, in denen auch das Stichwort „Y“ vorkommt:

+Ganztagsschule+Gymnasium

Minus-Suche
Suchen Sie nun Material zum Thema *Atomkraft*, aber ohne den Aspekt *Atombombe*, dann können Sie es umgekehrt machen – nämlich Dokumente ausschließen:

Atomkraft-Atombombe

Gänsefüßchen-Suche
Sie suchen Material zum Schriftsteller Lenz? Nun, welchem: Jakob Michael Reinhold Lenz? Siegfried Lenz? Hermann Lenz? Ach, zum Hermann Lenz! Da können Sie sich die Suche erleichtern, indem Sie den Namen in Anführungszeichen setzen, um alle anderen – auch den Frühling! – auszuschließen:

„Hermann Lenz“

Immer wenn der gesuchte Begriff aus mehreren Wörtern besteht, umschließen Sie ihn mit Anführungszeichen:

„Atomkraft nein danke!“

Nun gibt es mittlerweile eine solche Menge Suchmaschinen, dass man erneut Gefahr läuft, die Übersicht zu verlieren. Hier die bekanntesten, oder besser gesagt: einige der bekanntesten:

- www.de.altavista.com
- vwww.yahoo.de
- www.google. de
- www.dino-online.de
- www.lycos.de
- www.fireball.de
- www.excite.de

Meta-Suchmaschinen:
Wegen dieses Überangebots von Suchmaschinen wurden **übergeordnete** Suchmaschinen entwickelt, die die Vorarbeit der diversen Kleinen verwerten. Zum Beispiel:

- www.metager.de
- www.beaucoup.com

Kataloge:
Da die Suchmaschinen quasi blind suchen, also automatenstur ausschließlich danach fahnden, ob Ihr Stichwort vorkommt, ohne – versteht sich – den Zusammenhang bedenken zu können, da sie demnach auch Texte präsentieren, in denen der gesuchte Begriff nur beiläufig erwähnt wird, kann man auch in Katalogen suchen. Diese werden von Redakteuren zusammengestellt, die mit Bedacht eine Vorauswahl treffen, so dass dort nur wesentlich erscheinende Dokumente sich finden. Eine kleine Auswahl:

- www.web.de
- www.yahoo.de
- www.allesklar.de

Datenbanken:
Datenbanken bieten ähnlich wie Kataloge gut strukturierte Informationssammlungen an, nehmen aber meist Gebühren. Am bekanntesten:

- www.genios.de

Es gibt auch kostenlose Datenbanken, wie z.B.

- www.infoball.de (Fachliteratur)
- www.gein.de (Umweltinformationsnetz)

Mailing Lists/Newsletter:
Sie können sich auch gezielt gebündelte Informationen ins Haus – also in die Mailbox – liefern lassen, das Netz macht's kostenlos möglich.
Beispiele:

- www.meta-list.net
- www.liszt.com

Vergessen Sie aber nicht, sich von einer *Mailing List* streichen zu lassen, wenn Sie die Informationen nicht mehr benötigen!

Portale:
Einen anderer Zugang zur Datenfülle des Internets bieten die Portale, z. B.:

- www.schulweb.de

Hier wird der Service des Internets systematisch strukturiert und ich kann mich leiten lassen, um so einem Spezialgebiet immer näher zu kommen.

Chatten in Newsrooms:
Newsgroups sind, könnte man sagen, virtuelle Stammtische oder Clubs, mehr oder weniger geschlossene *Diskussionsforen*, wie T-Online sie nennt. Man klickt sich in bestimmte Gesprächsrunden je nach Thema ein und diskutiert mit, nimmt teil am öffentlichen Gedankenaustausch oder bittet über *Schwarze Bretter* um Informationen. Man findet die Chat-Angebote mitunter als eine der Funktionen beispielsweise eines Online-Angebots einer Zeitung, wie eine Art Leserbrief-Spalte. Größere Internet-Anbieter eröffnen ganze Chat-Marktplätze.
So können Sie auch Kontakte knüpfen zu Gleichgesinnten.
Newsgroups können Sie suchen u.a. unter:

- www.deja.com
- www.netnews.web.de

Es wäre übrigens denkbar, ähnlich dem Interview (s. S. 45 ff.) ein Chatroom-Gespräch für die Facharbeit zu führen. Voraussetzung ist natürlich ein sorgfältig ausgewählter Gesprächspartner, damit die Verbindlichkeit der Aussagen gewährleistet ist (die Nachprüfbarkeit müsste zumindest durch eine Dokumentation gesichert sein).

Surfen:
Wer Zeit – und Geld – hat, kann sich auch einfach treiben lassen und auf Zufallsfunde hoffen. Meist vergeblich. Man geht auf die Angebote am Rande – Hyperlinks, Werbebuttons ... – ein und klickt sich durch. Dieses Flanieren kann immerhin Spaß machen ...

Besuch einer Homepage:
Besser, Sie besuchen gezielt eine Adresse im Internet:

- www.bilsteinhoehle.de,

um etwas über *Kannibalismus im Sauerland* zu erfahren!

Internet-Achive:

Das Internet hat noch keine lange Geschichte, aber es gibt schon jede Menge Archive, beispielsweise von Zeitungen. So finden Sie etwa bei

- www.taz.de,
- www.welt.de,
- www.zeit.de

gezielt bestimmte Ausgaben über Monate hinweg. Nur gelegentlich ist die Archivnutzung kostenpflichtig (wie bei der FAZ).

Das Internet macht's möglich

- **Internet selbst als Gegenstand:** Sie können natürlich auch das immer noch junge Thema Internet selbst zum Thema Ihrer Facharbeit machen und die Möglichkeiten und Grenzen, die Nutzung in bestimmten Gruppen, zu bestimmten Zwecken usw. bearbeiten. Beispiel: *Die Nutzung des Internets bei der Erstellung von Facharbeiten in der gymnasialen Oberstufe.*
- **Die virtuelle Facharbeit:** Das ist keine vorgetäuschte Facharbeit, sondern eine Arbeit, die Sie nicht auf dem Papier, sondern am PC entstehen lassen und anschließend ins Netz stellen (oder zur CD-Rom verarbeiten). Eine solche Arbeit würde eine Ausnahme von den Grundbedingungen bedeuten, wäre aber eine besonders kreative Leistung! Sprechen Sie mit Ihrem Betreuer!

TIPPS

- Um Kosten zu sparen, **speichern Sie Dokumente ab** – Sie können sie sich dann später in Ruhe offline ansehen!
- Wichtige Adressen sollten Sie als **Lesezeichen** abspeichern.
- Wenn Sie Material aus dem Internet nutzen, machen Sie sich einen **Ausdruck** und verwahren Sie ihn (s. S. 114).
- Als Letztes: Heiße Adressen wie *www.spickzettel.de*, *www.referate.de* oder *www. hausaufgaben.de* sind nicht nur Schülerinnen und Schülern bekannt ...! Es wäre naiv, zu versuchen, sich dort zu bedienen. Lehrer können

inzwischen mit Schummelschutzprogrammen wie *www.plagiarism.org* kontern. Schließlich lässt auch die Konkretisierung der Themen diese Dienste nutzlos werden.

All diese Informationen sind knapp und allgemein gehalten, da die Entwicklung im Internet so dynamisch ist, dass viele Ratschläge und vor allem Internet-Adressen schnell veralten!

M 12 Methode 12: Filmanalyse

Besonders attraktiv erscheinen Themen, die sich mit Filmen beschäftigen, zum Beispiel Vergleiche zwischen einem literarischen Text und seiner Verfilmung oder die Untersuchung der deutschen Synchronisation einer englischsprachigen Serie. Allerdings sind solche Arbeitsvorhaben erstens viel zu breit angelegt. Und zweitens: Worin mag ihr Ertrag bestehen?
Wie üblich hier die Aufforderung, das Vorhaben mit dem Ziel der Gründlichkeit weiter zu reduzieren, etwa auf eine Szene. Dafür muss die Analyse dann spezifischer werden!
Häufig werden Filme lediglich an ihrer inhaltlichen Oberfläche untersucht: **Was** wählt der Regisseur aus der literarischen Vorlage aus, **wie** interpretieren die Schauspieler die Charaktere? Das Spezifische des Films ist aber die **Kombination von Bildern**, ist auch, entgegen dem Augenschein, das **Nichtgezeigte**; auch Filme werden „erst im Kopf des Zuschauers fertig", wie der Filmtheoretiker Alexander Kluge formuliert. Hervorragende Beispiele dafür liefern die Filme Alfred Hitchcocks!
Von filmischer Analyse kann im Grunde erst gesprochen werden, wenn ich die ***Grammatik der Bilder*** ebenso untersuche, wie ich einen Text analysiere, und wenn ich das in den Blick nehme, was zwischen den Bildern steht, wie in einem Text die Bedeutung oft zwischen den Zeilen steckt.
Insgesamt ist Folgendes zu berücksichtigen:

Die Grammatik der Film-Bilder

- **Bildmaterial:** Perspektive – Einstellungsgröße – Kamerabewegung – Brennweiten – Tempo – Diverses: Farbe, Blende, Filter u.a.m.
- **Tonmaterial:** Geräusche – Musik – Synchronisation
- **Komposition:** Bild/Ton – Schnitt – Montage

Wenn man so gründlich an das Thema herangeht, darf man sich nur **Szenen** aus Filmen oder Werbespots vornehmen. Interessante Themen wären auch: Drehbuch-Analysen (Auszüge) oder eine eigene Drehbucherstellung.

Literatur-TIPPS

- Kamp, Werner/Rüsel, Manfred: Vom Umgang mit Film. Berlin 1998

Oder ausführlicher:

- Hickethier, Knut: Film- und Fernsehanalyse. 2. überarbeitete Auflage. Stuttgart 1996.

Textentwurf

Mindestens acht Seiten, höchstens zwölf Seiten, so die Vorgabe für Facharbeiten in Nordrhein-Westfalen. Es gibt Schülerinnen und Schüler, die sich bei den anfänglichen Überlegungen, bei der Themenwahl und ersten Gesprächen mit der Betreuungslehrerin sorgen, wie sie nur acht Seiten füllen sollen! Dabei stellt sich das Problem meist umgekehrt: Spätestens im weiteren Verlauf der Beschäftigung mit der Facharbeit fragen sich die *Facharbeiter/innen*, wie sie nur den Stoff bändigen sollen! Da liegen nun seitenweise Exzerpte, Interview-Abschriften, Entwürfe und Zitate ...: „Aber das *kann* man doch einfach nicht kürzen!!" Doch, man kann. Denken Sie an Caesars *veni*, *vidi*, *vici*. Oder, ebenfalls ein nicht ganz passender Vergleich, an Eisberge, die, ganz cool, von ihrer Masse stets nur einen kleinen Teil präsentieren ...

Gliederung

Geben Sie der Arbeit zunächst eine Struktur. Gliedern Sie! Das ist zugleich ein Fahrplan für die Schreibarbeit. Wie? Ganz einfach: Einleitung, Hauptteil, Schluss. Nicht zu vergessen: Vorwort und Anhang.

Vorwort	■ Was bewegt mich, dieses Thema zu behandeln? ■ Evtl.: Probleme bei der Arbeit
Einleitung	■ Der Hintergrund des Themas ■ Hinführung zu meinem speziellen Themen-Ausschnitt ■ Ausgangspunkt, Einstiegsthese, Fragestellung ■ Angewandte Methode(n)
Hauptteil	■ Detaillierte Ausführungen zu den einzelnen Aspekten des untersuchten Themas – chronologisch geordnet, entlang dem darzustellenden Geschehen oder dem Ablauf des Untersuchungsprozesses oder – nach logisch aufeinanderfolgenden Sachaspekten geordnet (s. Binnengliederung in Beispiel 2 auf der nächsten Seite)
Schluss	■ Zusammenfassung ■ Evtl. offene Fragen, Stellungnahme, ggf. Schlussbemerkungen
Anhang	■ Material ■ Literatur- und Quellenverzeichnis ■ Selbstständigkeitserklärung

Beispiel 1

Thema: *Die Vorgeschichte des Kinos in Sten Nadolnys „Die Entdeckung der Langsamkeit“*

Einleitung

- Gründe für den Erfolg des Romans „Entdeckung der Langsamkeit“ (1983)
- Vorstellung des Buches (knappe Inhaltsangabe)
- Entdeckung des auffälligen Aspekts „Geschichte des bewegten Bildes“
- evtl.: Kurzer Abriss zur Geschichte des Kinos

Hauptteil

- Bedeutung des Themas „Geschichte des bewegten Bildes“ für das Romanganze
- Vorstellung der betreffenden Passagen über den „Bilderwälzer“
  (S. 126 f., 171 ff. und 207 ff.)
- Die Beschleunigung der Bilder und das „Franklinsche System der Langsamkeit“

Schluss

- Die Faszination des Buches von Sten Nadolny
- Verwunderung über den Reiz des bewegten Bildes vor der Zeit des Kinos

Beispiel 2

Thema: *Entwicklung eines Marketing-Konzepts für die Schülerbücherei „Leseratte“*

Einleitung

- ❐ Kurze Beschreibung der Schülerbücherei
- ❐ persönliches Interesse am Thema (Mitglied der Leseratte-AG)
- ❐ kurzer Hinweis auf den Rückgang der Ausleihzahlen
- ❐ Überlegungen, was gegen diesen Rückgang getan werden könnte (Werbekampagne)

Hauptteil

A Statistik: Daten zum Besucherrückgang
- ❐ Alter und Geschlecht der Nutzer
- ❐ Kategorisierung der ausgeliehenen Bücher

B Was ist Marketing?

C Entwicklung eines Konzepts
- ❐ Ziele einer Werbekampagne
- ❐ Ideensammlung
- ❐ Entscheidungsfindung und Präsentation

Schluss

- ❐ Bericht über die Realisierung der Kampagne

ÜBUNG: Nun begeben Sie sich am besten selbst an eine erste Gliederung ...

Thema: ...
Vorwort: ...
Einleitung: ...
Hauptteil: ...
Schluss: ...
Anhang: ...

Erste Fassung

So, jetzt beginnt die eigentliche Arbeit, die Arbeit des Schreibens. Fangen Sie an! Schieben Sie den Beginn nicht vor sich her – der *Horror Vacui*, die negative Anziehungskraft des leeren Papiers ist bekannt. (Wie attraktiv erscheinen plötzlich die üblichen Hausaufgaben ...!)
Machen Sie schon mal einen Strich aufs Blatt, dann sieht es Sie nicht so leer an! Oder schreiben Sie irgendetwas hin, Sie können's ja wieder streichen. Aber so haben Sie zumindest einen Anfang, dann geht's besser weiter. Haben Sie keine Angst, Fehler zu machen – es handelt sich ja lediglich um die erste Fassung, Sie haben noch ausreichend Zeit zu korrigieren (vgl. das Kapitel Textbearbeitung, S. 90 ff.). Wichtig ist nur: Schreiben Sie, Seite um Seite, füllen Sie die Gliederung mit Leben, folgen Sie Ihrem Plan!

Variationen
Wie? Die Gliederung gefällt Ihnen nicht? Sie schmeißen ständig alles um und um? Erste Verzweiflung ...?
Nur nicht nervös werden! Wenn Sie das Gefühl beschleicht, dass es an vielen Stellen so wie geplant nicht weiter geht, dass es besser wäre, den Plan zu variieren, abzuweichen, Teile umzuwerfen, dann sollten Sie Ihrer Intuition getrost folgen – und sich nicht dem Gefühl hingeben, es gleite Ihnen der Boden unter den Füßen hinweg!
Warum, zum Beispiel, sollte man nicht in der zweiten Beispiel-Gliederung das Thema *Was ist Marketing?* als ersten Teil im Hauptteil behandeln?
Sie werden vielleicht auch das Problem haben, dass ein Teil Ihrer Arbeit an verschiedenen Stellen stehen könnte. Wenn Sie sich nun nicht ständig wiederholen wollen, formulieren Sie den Sachverhalt ganz knapp und verweisen Sie:

> *„... Ausschlaggebend für die im Text zum Ausdruck kommende depressive Einstellung dürfte die Beziehungskrise des Dichters sein, auf die im biographischen Abriss (s. S. 4) näher eingegangen wird."*

Und welcher Schreibtyp sind Sie?
Beim Schreiben – also in der Konzentration des Formulierens – kommen einem oft die besten Ideen. Es wäre demnach töricht, gute Einfälle dem straffen Korsett einer Gliederung zu opfern.
Es ist typabhängig, wie notwendig überhaupt ein Plan zum Schreiben ist. Der eine braucht eine Gliederung dringend als Schreibanleitung, ein anderer schreibt gern frei. Ein dritter wiederum geht einen Mittelweg: Er muss sich einmal Gedanken um eine Gliederung gemacht haben, um den Stoff zu bändigen und einen Voreindruck zu bekommen, wird aber mit traumwandlerischer Sicherheit von dieser projektierten Struktur abweichen.
Egal, welcher Schreibtyp Sie sind: Behalten Sie die Gliederung im Auge, machen Sie sich Notizen (im Arbeitstagebuch), damit nicht *unstrukturiert* wird, was Sie am Ende produzieren!

Schreibhaltung
Typabhängig ist auch, **wie** man schreibt – und man sollte sich hüten, für solche sensiblen kreativen Prozesse zu enge Verhaltensvorschriften zu machen. Der eine schreibt gern mit Füller in Pink auf Ringbuchblätter, die nächste lieber – im Duft von Räucherstäbchen – mit Bleistift in Romantik-Kladden, während der dritte es vorzieht, direkt in den PC zu tippen – am Schreibtisch sitzend die eine, mit Musikberieselung zur Höchstform auflaufend der andere, im Schneidersitz auf dem Futon hockend die dritte oder lang vor Tau und Tag mit einer Tasse heißer oder einer Tafel kalter Schokolade der vierte, im erhebenden Gefühl, der einzige wache Mensch im Ort oder zumindest in der Wohnung zu sein ...
Manche Menschen brauchen feste Routinen: früh aufstehen, ein immergleiches Arbeitspensum, das auf dem Wecker eingestellt wird, am immergleichen Arbeitsplatz. Oder ihnen helfen Stimulanzien. Friedrich Schiller soll der Fäulnisgeruch vor sich hin gammelnder Äpfel in der halboffenen Schreibtischschublade beim Schreiben seiner berühmten Dramen beflügelt haben!

Wie roh ist die Fassung?
Ob ein Text eine **Rohfassung** ist, das zeigt sich erst im Nachhinein. Daran nämlich, ob und wie weit ich ihn noch bearbeiten muss! Also bemühen Sie sich – auch um sich doppelte Formulierungsarbeit zu ersparen – am besten sofort darum, Ihren Ausführungen eine **sprachlich vollendete Form** zu geben. Sollten Sie Ihre erste Fassung noch handschriftlich erstellen, dann übertragen Sie sie möglichst schnell in den Computer, solange Sie Ihre Formulierungen noch entziffern können und solange sie noch frisch und *biegsam* sind für Variationen. Fixieren Sie gleich zu Beginn die **Einstellungen in Ihrem Schreibprogramm** so wie für den Endausdruck vorgeschrieben (s. S. 117), damit Sie keine Überraschung erleben, was den **Umfang** angeht.
Machen Sie sich sodann **Ausdrucke** – und lesen Sie, wenn Sie einmal darüber geschlafen haben, in Ruhe durch, was Sie geschrieben haben. Erst nachdem einige Zeit verstrichen ist, verfügen Sie nämlich über die nötige **Distanz**, den Text wie ein anderer Leser aufnehmen zu können. Auf diese Weise spüren Sie eher, wo's hakt, wo Sie banal werden und lieber streichen sollten oder auch, wo Sie noch etwas ergänzen müssten. Aber dies sind ja schon Überarbeitungstechniken ...

TIPP
Mit zeitlichem Abstand fallen Ihnen beim Wiederlesen eher die Fehler ins Auge. Vernachlässigen Sie nicht die Beachtung der – wie es in den Vorgaben so nett heißt – *Verstöße gegen die sprachliche Richtigkeit*, sprich Zeichensetzung und Rechtschreibung! Schwachen Ausdruck mag man verzeihlich finden, Rechtschreibfehler aber kann jede/r vermeiden! Zumal man mehr Zeit zur Verfügung hat als in einer Klausur, in Zweifelsfällen sofort im **Wörterbuch** nachsehen und **Computer-Korrekturprogramme** nutzen kann. Achten Sie dabei auf die neuen Rechtschreibregeln!

Die Beratungsgespräche

Es bedeutet keine Einschränkung der geforderten Selbstständigkeit, dass Sie sich einige Male mit Ihrer Fachlehrerin oder Ihrem Fachlehrer zu Beratungsgesprächen treffen müssen. Versteht sich das nicht von selbst, werden Sie fragen, dass man sich ab und zu mit dem Betreuer abspricht? Durchaus. Aber im Zusammenhang der Facharbeit wird diese fachliche Begleitung des Arbeitsprozesses nun vorgeschrieben, somit auch garantiert.
Gedacht ist nicht daran, dass Sie nun ständig bei Ihrem Lehrer *auf der Matte stehen* sollen, dass er kleinschrittig den Fortgang Ihrer Arbeit überwacht, Sie antreibt, Ihnen sozusagen über die Schulter schaut. Das wäre der Selbstständigkeit abträglich! Sie sollen andererseits aber auch nicht allein gelassen werden in der Zeit zwischen Themenabsprache und Arbeitsabgabe.
Es ist anzuraten, **etwa vier offizielle Termine** zu verabreden, außerhalb der Unterrichtszeit, während der sich Ihr Betreuer Ihnen dann auch wirklich ganz widmen kann. Es wird sich dabei im Wesentlichen um die Gelenkstellen im Arbeitsprozess handeln:

- die Vorlage des Konzepts,
- die Besprechung von möglichen Problemen bei der Recherche (Tipps, Hilfestellung, auch organisatorisch, Anrufe z. B.),
- die Vorlage der Gliederung sowie
- die Besprechung von Problemen beim Schreiben, beim Überarbeiten; Tipps für die Gestaltung.

Die Beratungsgespräche sind nicht unverbindlich! Sie sind zu **protokollieren** – die Schulen haben meist Formblätter für die Beratungsgespräche vorbereitet. Die Vereinbarungen sind damit auch Grundlage für die Beurteilung der Arbeit! Auf diese Weise soll der Lehrer kein Übergewicht bekommen bei der Ausrichtung der Arbeit – es ist und bleibt **Ihre** Arbeit! –, die Beratung soll den Schüler nicht abhängig machen von den Bedenken und Anregungen des Lehrers (da kann schon Stirnrunzeln verheerende Folgen haben!), und keinesfalls sollte sie einen Vorgeschmack abgeben auf die spätere Beurteilung der Arbeit, also keine Vor-Korrektur schon halbwegs fertiger Teile der Arbeit! „Im Beratungsgespräch selbst sollten von Seiten der Lehrkraft eher Fragen gestellt als Fragen beantwortet werden."[8] Sie sollen gute Ratschläge bekommen und davor bewahrt werden, in Materialmassen zu ersticken und sich auf Irrwege zu begeben, es soll Ihnen Mut gemacht werden! Wenngleich nicht zu bestreiten ist, dass die Termine auch eine überwachende Funktion haben dürften: So fällt auf, wenn Sie nicht vorwärts kommen bzw. sich zu viel Zeit lassen, und im Gespräch erweist sich schnell, ob das, was Sie bislang erarbeitet haben, *auf Ihrem eigenen Mist gewachsen* ist oder nicht.

Viele Schulen legen den ersten Termin einheitlich fest, auch durchaus auf einen Nachmittag. Sie sollten die Gespräche gut **vorbereiten** – dazu ist das **Arbeitstagebuch** eine geeignete Grundlage – und, wie gesagt, als **Protokoll** festhalten, was vereinbart wurde.

8 Klösel/Lüthen, a.a.O., S. 64

Textbearbeitung

„Der Text ist frei von der Einbeziehung von Gefühlen und näherem Eingehen auf die Umstände, die den Mann dazu bringen so über sich zu denken und sich dementsprechend zu verhalten."
(aus einer Schülerarbeit)

„Mit besonderen Erwartungen war die Verwendung von elektronischen Informationsquellen in unserer Schule auf Grund der Tatsache verbunden, dass sich die Schule in einer bezüglich der Informationsbeschaffung infrastrukturell schwachen Gegend befindet, (...) Auf Grund der Einführung der verbindlichen Facharbeit im Zuge der Reformierung der Sekundarstufe II besteht für die Oberstufenschüler die dringende Notwendigkeit, für ein breites Spektrum von Schulfächern relevante Informationen zu beschaffen, zu sichten und in wissenschaftlich propädeutischer Form zu publizieren."
(aus einer Schulpublikation)

„Der Ort oder die Stadt verliert an privater Atmosphäre, ständig wird die Region von Völkerschaften heimgesucht, die auch durch fremde Kulturen Probleme erzeugen."
(aus einer Schülerarbeit)

Es ist ein tolles Gefühl, fertig zu sein. Nicht mit der Welt oder mit den Nerven, sondern mit der Arbeit. Man hat den letzten Satz geschrieben, man hat einen Punkt gesetzt. **Ende!**
Darf ich, mit Verlaub, die verständliche Euphorie dämpfen? **Fertig** sind meist nur Texte wie die obigen: steif formuliert, mit unklarem Satzbau, unverständlich im Ausdruck – und dann kommen noch Rechtschreibfehler hinzu. Ja, man ist fer-

tig, fertig im Sinne von **Inhalt bewältigt**, aber man bürdet dem Leser die Arbeit der Dechiffrierung auf. Man kann jedenfalls nicht behaupten, einen Teil zu einem **Verständigungsprozess** beigetragen zu haben.
Doch darum geht es bei der Facharbeit mehr als bei einer Klausur! Da man hier mehr Zeit zur Berücksichtigung der äußeren Form hat, wird gesteigerter Wert auf die sprachliche Fassung und die möglichst professionelle Gestaltung gelegt!

Literatur-TIPP
Reiners, Ludwig: Stilfibel. Der sichere Weg zum guten Deutsch. 31. Auflage, 2001. München 1951 – ein Klassiker! Ein wenig altmodisch, dafür recht amüsant.

Es gilt also, die erste Fassung zu überarbeiten ... Einige Zeit nach deren Fertigstellung kommen einem ja meist skrupulöse **Fragen**.

Frage 1: Ist der Text zu lang?

Kürzen

Ist der Text zu lang geraten, dann müssen Sie kürzen. Klar. Aber wie? Es ist doch alles, nicht wahr, so eminent wichtig! – Beispiel:

> *Als günstige Voraussetzungen für den Ausbau des „Tourismus als Wirtschaftsfaktor" (so der Titel seines Beitrags) in der Dritten Welt nennt der Autor Karl Vorlaufer: das günstige Klima für den Bade- und Segelsport, viel Sonnenschein für den Badebetrieb an den Stränden, beeindruckende, unberührte und fremdartige Landschaften (die Korallenfauna der Malediven oder der Seychellen), kulturhistorische Stätten (wie die hinduistischen Tempelanlagen auf Bali) sowie die Exotik fremder Völker (afrikanische Nomadenvölker und die Bergstämme Nepals). Und alles dies kann dann noch relativ kostengünstig angeboten werden.*

ÜBUNG: Wer will diese Postkartenidylle schon durch Streichungen zerstören? Versuchen Sie's trotzdem, reduzieren Sie den Text um die Hälfte!

ÜBUNG: Oder sagen Sie's noch knapper.
(Lösungsvorschlag S. 160)

Es geht beim Kürzen darum, versteht sich, Überflüssiges zu streichen. Da man diese Teile des Textes aber gerade selbst formuliert hat, fällt es ungemein schwer, die eigene Arbeit einfach wieder zu vernichten. Man muss sich zwingen, sich von Teilen des Textes zu trennen!

Redundanzen

Wenn ein Redner, der versprochen hat, sich kurz zu fassen, sagt: „Wie ich schon zu Beginn ausgeführt habe ...", können Sie sich zu Recht um ein kleines Stück Lebenszeit betrogen fühlen. Das gilt aber genauso für den schriftlichen Text. Oft steckt hinter dem Noch-mal-Sagen das Misstrauen, man werde nicht richtig

verstanden, man habe noch nicht genügend klar gemacht, was man sagen will, ja, man meint – *mit anderen Worten* ... – man müsse seine Gedanken nochmals verdeutlichen.
Streichen Sie! Streichen Sie leichten Herzens, denn es fällt ja nichts Substanzielles weg. Dieser Verlust bringt dem Text Gewinn – oder mit anderen, mit goetheschen Worten: „Getret'ner Quark macht breit, nicht stark."
(Streichen Sie auch gleich im letzten Satz des vorletzten Absatzes den größten Teil: „...man habe noch nicht genügend klar gemacht, was man sagen will, ja, man meint – *mit anderen Worten* ... – man müsse seine Gedanken nochmals verdeutlichen." Die ersten zwölf Worte des Satzes sagten doch schon alles aus!)
Beispiel, aus einem leicht satirischen Zusammenhang:

> *Sehr geehrter Herr H.,*
> *Sie scheinen davon auszugehen, dass die Leser des von Ihnen herausgegebenen „X-Reports" nicht bis Zwei zählen können. Oder vielleicht sind Sie auch der Meinung, man könne es ihnen nicht oft genug sagen. Jedenfalls stutzt man beim Lesen. Sowohl auf S. 4 wie auf S. 6 steht alles zweimal!! Sie wiederholen sich einfach!! Nicht mit den gleichen Worten, nein: Der Wortlaut ist leicht verändert. Zwar findet man keine direkte Übereinstimmung in den Formulierungen, aber der Inhalt bleibt gleich. Vielleicht gehen Sie davon aus, dass es ja doch keiner lese. Die vorstellbare Haltung der Rezipienten, die Texte einfach zu ignorieren, mag der berechtigte Grund für Ihre Insistenz auf dem immer Gleichen zu sein. Möglicherweise war Ihnen auch die Puste ausgegangen. Es ist ja durchaus denkbar, dass Sie keine weiteren Texte mehr hatten. Oder haben Sie es selbst nicht gemerkt – waren Sie sozusagen Ihr eigener Ideal-Leser?*
> *Na ja, Wiedersehen denn auch. Tschüss, ne? Ihr N.N.*[9]

ÜBUNG: Haben Sie's bemerkt? Nun, setzen Sie mal den Rotstift an ... (Lösung S. 160)

---

9 Abseits. Lokales Magazin für Warstein, 15. Januar 1984, S. 43.

Lassen Sie mich zum Abschluss noch mal wiederholen ... Stopp! Haben Sie etwas gemerkt? Richtig: Wer *wiederholt*, sagt das ja *noch mal*! Eine kleine Variante dieses Klonens beim Formulieren ist das *doppelt Moppeln*, eine nicht wenig verbreitete Schreibschwäche in Schülertexten.

ÜBUNG: Verbessern Sie:

1. Ein Verhalten, das er auch weiterhin beibehalten wollte ...
2. Wie schon am Anfang bereits erwähnt ...
3. Sie schwärmte: „Also optisch sieht das ja ganz gut aus!“
4. Nicht aus sachlichen, sondern vielmehr aus rein persönlichen Gründen lehnte er den Vorschlag ab!
5. Das bringt die Analyse ersichtlich zum Vorschein.

(Lösungen s. S. 161)

Hier gilt es, mit äußerster Konzentration den Text erneut zu lesen. Nicht mit diesem leichten Kontroll-*Überfliegen*, mit dem man im Grunde nur auf Rechtschreibfehler achtet und bei dem die wachgerufene Erinnerung daran, was man hatte ausdrücken wollen, die wirkliche Neu-Aufnahme ersetzt. Nein, Sie müssen Wortgruppe für Wortgruppe den Text durchforsten, um da, wo Sie eine Schwachstelle empfinden, sofort mit einer Alternativ-Formulierung zur Stelle zu sein. Oder zu streichen.

Komprimieren

Eine elegante Variante des Kürzens besagt: Finde Überbegriffe, in denen die verschiedenen Einzelheiten, Beispiele, Argumente usf. zusammenzufassen sind (das haben wir bereits oben, in dem Abschnitt zum Thema Kürzen, ansatzweise betrieben). So werden aus „Planungen zur Veränderung des Rentensystems, geforderten Kürzungen der Sozialhilfe sowie der Leistungen für Arbeitslose usw.“ kurzerhand „sozialpolitische Reformvorschläge“.

Je mehr Sie Abstand nehmen vom Text, also die vielen detaillierten Ausführungen *cool* aus größerer Distanz betrachten, mit der Frage im Kopf „Worum geht's da eigentlich?“, umso

komprimierender gehen Sie bereits mit dem Text um. Das sollten Sie dann in Worte – in **weniger** Worte – zu fassen versuchen.
Dieses Komprimieren hebt zugleich das **Textniveau**, Ihre Ausführungen werden substanzhaltiger – ist ja auch nicht schlecht, nicht wahr? Sie kürzen – und werten damit auch noch den Text auf!
Ein Beispiel aus einer Arbeit zum Thema Hexenverfolgung:

> ***Hexenbild 1 – Wie wurde man nach damaliger Vorstellung zur Hexe?***
> *Zunächst möchte ich aus einem Soester Kriminalprotokollbuch zitieren:*
> *Als am 26. Juli 1585 vor dem Soester Hexengericht Walburga Noelle „peinlich gefragt" wird – d. h., sie war vorher schwer gefoltert worden und die Antworten wurden ihr von dem Gericht in den Mund gelegt –, „bekannte" sie, dass Grete Schillers zu Stokkelen (heute: Stocklarn) vor zehn Jahren sie „die Kunst" gelehrt habe (...), sie solle sich Gott versagen und allen seinen heiligen Engeln und sich dem Teufel verschreiben. Welches sie dann auch getan hat, woraufhin sie einen Buhlen (Liebhaber) bekam, der sich Hans Federbusch genannt habe, dem sie sich ergab und der ihr „auf Treu" einen goldenen Ring gab und ihr befahl, Vieh, Pferden und Kindern schwarzes Kraut zu verabreichen, welches er ihr bringen werde, sodann hat er mit ihr „boliert" (Unzucht getrieben).*
> *Es gibt da allerdings verschiedene Verfahren der Aufnahme in den Hexenstand. In Italien beispielsweise geht man in den Wald und schlägt dreimal Rad. Es gibt noch weitere Verfeinerungen: Taufen, die mit Pfützenwasser oder Jauche vorgenommen werden, ferner diverse Formen der Abschwörung Gottes.*

ÜBUNG: Das kann man doch nicht kürzen! Doch, man kann! Versuchen Sie's! (Lösung S. 161)

Frage 2: Ist der Text zu schwer lesbar?

Viele Texte, die Ihnen im Unterricht vorgelegt werden, sind schwer zu lesen und nur mit Mühe zu verstehen. Leider. Daraus sollten Sie aber nicht den Umkehrschluss ziehen, es den Verfassern nachzumachen. Nach dem Motto: je schwerer, desto besser.

Ein Text ist erst gut, wenn er leicht zu lesen ist. Leicht ist nicht seicht. Leicht im Sinne von: unmittelbar zu verstehen! Muss man beim Lesen innehalten und wie beim Gesellschaftsspiel einige Felder zurück, um einen zweiten Anlauf zum Verstehen zu versuchen, muss man erst mühsam die Bezüge der Pronomen zu den verschiedenen zur Auswahl stehenden Begriffen herstellen, dann hat der Autor handwerklich nicht gut gearbeitet.

Der letzte Satz war auch ein solches Schwergewicht! (Ausnahmen gibt's natürlich wie immer: bewusst inszenierte Missverständnisse bei Kabarettisten sowie hochkomplexe und ungewöhnliche Gedankengänge, die sich vielleicht wirklich nicht einfach in Worte fassen lassen.)

Was macht Texte sonst noch schwer? Nominalisierungen, lange Sätze, Fremdwörter, unanschaulich-trockener Ausdruck, Gedankensprünge und verquere Logik.

Nominalisierungen

> *Die Häufung von Nominalisierungen in den Texten der Facharbeiten der Schülerinnen und Schüler der Jahrgangsstufe 12 hatte eine Versammlung der Arbeitsgruppe „Stil und Ausdruck“ der Deutsch-Fachkonferenz auf Einladung der Schulleitung zur Konsequenz.*

(Ist es nicht fetzig: das Verb *hatte*?) Nun, was war geschehen?

> *Die Schülerinnen und Schüler hatten in ihren Facharbeiten so stark nominalisiert, dass die Schulleiterin die Deutsch-Lehrer zu einer Konferenz versammelte.*

Auch nicht gerade prickelnd! Aber immerhin leichter aufzunehmen. Man kann lange darüber spekulieren – schönes Thema übrigens für eine Facharbeit! –, warum in Deutschland Sätze gebaut werden, als hiebe man Pflöcke in vereiste Böden, statt Verben zu gebrauchen, was wie elegantes Surfen ist. Es ist kein Gewinn an Sachlichkeit, wenn ich Nomen häufe, es macht auch nicht, oder sagen wir besser, es sollte nicht mehr Eindruck beim Leser/Lehrer machen! Es ist einfach schlechter Stil: Man sieht den Sinn vor lauter Nomen nicht! Lösen Sie diese Konstruktionen auf, ersetzen Sie die Begriffsungetüme durch lebendiger wirkende Verben!

ÜBUNG: Versuchen Sie's mal an den folgenden Beispielsätzen!

1. Die Durchführung der Planungsmaßnahme ist auf einen Zeitraum von einem Jahr angesetzt.
2. Die Verärgerung des Hundes ist auf die Verschwindung der Katze zurückzuführen (aus einer Schülerarbeit).
3. Die Erwartung einer Leitzinssenkung durch die Europäische Zentralbank führt zu optimistischen Kursprognosen der meisten Börsenspezialisten.
4. Nach erfolgter Ankunft kam es zunächst zu einer Begutachtung der Situation, was die Inangriffnahme von Maßnahmen zur Konsequenz hatte, die mit Erfolg zum Abschluss gebracht werden konnten.

(Lösungsvorschläge S. 161)

Lange Sätze
Willst du gut verstanden werden, mache pro Satz wenig Worte! Acht. Höchstens. (Also waren das eben schon drei zu viel!) Das sagt ein Sprachwissenschaftler von der Uni Paderborn. So hält es auch eine allseits bekannte Boulevard-Zeitung. Sagt man. Ich werd's aber nicht überprüfen. – Schon wieder ein schönes Thema für eine Facharbeit!
Wichtiger als die Wortanzahl ist die Satz**struktur**. Sie können endlos lange und dennoch verständliche Sätze bilden, wenn Sie sie *parataktisch* („und dann – und dann – aber da – usw.") bauen. Fügen sich Satzteile wie Waggons an eine Lok, versteht man in einem Zuge! Schiebe ich aber immer wieder etwas ein, wird es schwierig.

> *Die Interviewte, die, in der Erinnerung an die Bombennächte, es handelt sich um die Luftangriffe der Alliierten in der Nacht des 5. April 1944, als ganz Soest für Stunden in Flammen stand – es wurden da übrigens, wie man heute weiß, über 40 Prozent des Stadtgebiets in Schutt und Asche gelegt –, zu weinen anfing ...*

Nur gewiefte Erzähler, wie zum Beispiel der Autor Rafik Schami, können mit dieser *hypotaktischen* Struktur, der Hölzchen-auf-Stöckchen-Satzbauweise, so umgehen, dass das Verstehen nicht erschwert wird.

ÜBUNG: Lösen Sie obiges Satzungetüm in eine leichter verdauliche, parataktische Satzfolge auf!
(Lösungsvorschlag S. 161)

Fremdwörter[10]
... sind die Sündenböcke bei der Kritik an schwierigen Texten. Meist kommen viele Gründe zusammen, dass ich in Texte *nicht hineinkomme*, aber man macht die paar unbekannten Vokabeln wie *hybrid* und *hypostasieren*, *Parataxe* und *polymorph-perverse Triebeinstellung* dafür verantwortlich. Sicher kann man einige Fremdwörter ersetzen. *Ich stelle fest* statt *ich konstatiere*. Aber meist handelt es sich um Fachbegriffe, zu denen man greift, um sich differenziert auszudrücken, also *Bruttoinlandsprodukt* statt eines, ich konstruiere, *volkswirtschaftlichen Jahresergebnisses*, ein Begriff, der schöner auch nicht wäre, aber Fragen offen ließe.
Lobbyismus = Verbändeeinfluss? *Fiktionale Texte* = erfundene Texte? *Lärm-Emission* = Lärm-Ausstoß? (So ist *faulenzen* ja im Grunde auch mit dem grammatischen Begriff *Verb* besser bezeichnet als mit ***Tätigkeits****wort*!)

TIPP
Gehen Sie sparsam mit Fremdwörtern um! Sie machen einen Text nicht besser. Aber Sie sollten schon die **Fachbegriffe** Ihres Faches benutzen, die meist erforderlich sind, um sich präzise auszudrücken! Und vergewissern Sie sich im Zweifelsfall, dass Sie die **Bedeutung** richtig verstanden haben.
Verzichten sollte man allerdings auf *Protzwörter*, wie etwa in einer Arbeit aus dem Themenfeld Ökologie einen *Paradigmenwechsel* zu – konstatieren!

10 Übrigens kein Fremdwort!

Unanschaulich-trockener Ausdruck

Der Kommunikationswissenschaftler Paul Watzlawick hat bei der Untersuchung von Missverständnissen festgestellt, dass wir uns entweder *analog* oder *digital* ausdrücken. Der digitale Ausdruck dient der Präzision, der analoge der Anschaulichkeit, ist also für das Verstehen eine Erleichterung. Das Prinzip *digital* kann man sich an einer Digital-Uhr klarmachen, die uns die Zeit in Ziffern mitteilt, *analog* an einer Analog-Uhr, die uns, was die Stunde schlägt, in Analogie zu einem Kreis anzeigt. Alles klar?

Paul Watzlawick ist in diesem Sinne eine digitale Mitteilung, ich muss die Worte übertragen wie gelernte Vokabeln, während *krachen* als lautmalerisches Verb mir die Bedeutung schon lautlich mitteilt. *Krach* ist anschaulicher (eigentlich: *anhörlicher*) als *90 Dezibel* und *ein Schrank von einem Mann* macht Eindruck, aber für den Eintrag in den Personalausweis brauche ich die Angabe: *2,12 m.*

Stellen Sie sich vor – vielleicht erproben Sie das an einem Versuchskaninchen tatsächlich –, Sie müssten Ihre Facharbeit jemandem vorlesen. Das mag eine Hilfe sein, den Text an etlichen Stellen anschaulicher zu gestalten. Wobei *anschaulich* bitte nicht mit *umgangssprachlich* verwechselt werden sollte! „Er hatte die Nase voll" wäre nicht die richtige Art, den Missmut eines Bürgermeisters am Ende einer Podiumsdiskussion zu beschreiben.

TIPP

Zahlen wirken in Texten oft abschreckend, abschreckend digital. Nun werden Zahlenangaben in Statistiken und Rechnungen unumgänglich sein. Aber ansonsten versuchen Sie, sparsam mit Zahlen umzugehen, vor allem mit Angaben hinter dem Komma (etwa beim Auswerten von Statistiken). Versprachlichen Sie: „Fast die Hälfte" ist oft angebrachter als „46,879 %". Und schreiben Sie Zahlen bis 12 oder 14 aus – denn wie sieht das aus: „Sie gab mir bei unserer 1. Verabredung 2 Küsse."

Gedankensprünge, verquere Logik

„In dem Text wird eine Idylle gezeigt, die aber nicht weiter als über den Horizont hinausgeht."
„Der Schüler ist der Meinung, dass der Lehrer ihn mit Wissen vollstopft, um ihn zu schikanieren, und übersieht dabei, dass dies wirklich notwendig ist."
„Der Leser kommt zu der Meinung, dass auch er vielleicht das werden kann, wozu seine Eltern völlig unbegabt sind."
(aus Schüler-Arbeiten)

Unser Geist macht beim Formulieren Zick-Zack-Bewegungen. Der Leser aber liest linear, gezwungenermaßen Wort für Wort. So kann es zu Kollisionen kommen. Um das zu verhindern, sollte auch die Autorin oder der Autor der Facharbeit, wie schon an anderer Stelle erwähnt, die erste Version kontrollierend durchgehen, um solche Satzverknotungen zu entdecken. Die angeführten Beispiele sind zwar leidlich amüsant, aber normalerweise sind logikschwache Formulierungen ein Ärgernis und halten den korrigierenden Lehrer auf.
Wie kommt es zu solchen Formulierungscrashs? Es liegt oft daran, dass zwei Bilder miteinander kombiniert werden, die nicht zueinander passen, oder dass die Formulierungsidee, mit der ich den Satz begonnen habe, beim weiteren Vorgehen vergessen wird.
Entdecken Sie solche Verknäuelungen, hilft nur Entwirren. Tun Sie dem missratenen Satz nicht noch mehr Gewalt an, indem Sie mit einer nur minimalen Änderung oder Erweiterung, also flickschusternd, den Sinn reparieren wollen. Raus aus der Formulierungssackgasse und rein in eine neue! Oh pardon, streichen Sie die letzten vier Wörter (Fehler entdeckt?) und ersetzen Sie sie durch: ... gänzlich neu beginnen.

ÜBUNG: Versuchen Sie, die obigen drei Beispielsätze zu entwirren!
(Lösungsvorschläge S. 162)

Frage 3: Ist der Text zu vage?

Die Angst, etwas falsch zu machen, der Wunsch, *auf Nummer Sicher zu gehen*, Unsicherheit in der Sache und beim Formulieren – also im Bemühen, die Gedanken in Wörter und Sätze zu kleiden – führen oftmals zu vagen Ausführungen. Das sind die Stellen in Klausuren, wo genervte Lehrer rote Fragezeichen am Rand hinterlassen oder fragen: „Was meinen Sie?" Hinzu kommt, dass einem die eigenen Texte beim Wiederlesen oft auch zu lahm vorkommen, zu langweilig.

TIPP

Haben Sie beim Überarbeiten den Eindruck, dass Sie um etwas herumreden, weil Sie es nicht genau wissen? Da hilft nur Recherchieren – oder der Mut zur Lücke! Bringen Sie nichts zu Papier, was Sie nicht sicher wissen oder begründen können. Wenn Sie etwas vermuten, nennen Sie es auch so.

Präzision bei der Wortwahl

Werden Sie genau! Belassen Sie es nicht bei der Formulierung: „Er benutzt bildliche Ausdrücke." Schreiben Sie vielmehr, dass er *Symbole* und *Metaphern* benutzt. Sagen Sie uns, *welche* Freiheiten die rebellierenden Bürger forderten. Und: Waren es Bürger oder nicht präziser *Kleinbürger*? Oder: *Welche* Rohstoffe machen den Rohstoffreichtum des Landes aus? Und in *welche Diagramme* sind die statistischen Daten gefasst? *Sagte* sie oder *flüsterte* sie, *schrie* sie gar, *betonte* sie nur oder *antwortete* sie lediglich *mürrisch*?

Machen Sie Gebrauch vom reichen Wortschatz unserer Sprache!

Über lebendiges Schreiben, Joker und Füllwörter
Nehmen Sie den Anfang dieses Kapitels (S. 90 f.). Man hätte auch – vor allem, wenn man die Ratschläge im Abschnitt „Ist der Text zu lang?“ zu beherzigen hat – schreiben können: Üblicherweise ist die erste Fassung der Facharbeit noch bearbeitungsbedürftig, was den Stil, die Präzision und die sprachliche Korrektheit angeht.
Kürzer wär's gewesen! Auch besser zu lesen? Bemühen Sie sich, lebendig zu schreiben, meiden Sie Nominalisierungen, Passiv-Sätze, zu viele „man“-Bildungen – und ganz speziell folgende Joker und andere Füll-Wörter:

Ding, Sache	„...verschiedene Dinge in diesem Gedicht“ – Dinge? Gegenstände für den Flohmarkt? Oder bildliche Ausdrücke? Symbole? Metaphern?
eigentlich	„Er meinte es eigentlich anders!“ – Versuchen Sie, diese andere Ebene zu benennen: „Seine Absichten waren eindeutig. Aber er täuschte ihr ein wissenschaftspropädeutisches Interesse an ihrem neuen Aquarium vor ...“
irgendwie	„Irgendwie gefällt mir diese Opernarie nicht!“ Das ist immer eine kleine Kapitulation, dieses *irgendwie*. Warum gefällt die Arie denn nicht: – weil mir neue Musik fremd ist? – weil ich die Interpretation als zu überladen empfinde? – weil das Zusammenspiel der Stimmen nicht gelingen will?
dadurch dass	„Dadurch dass er sie küsste, zeigte er ihr seine wahren Gefühle.“ O je, welche Gefühle vermittelt wohl ein Dadurch-dass-Küsser?!

Klischees

Es gibt Texte, in denen unsere Aufmerksamkeit immer dünner wird, da sie uns nichts bieten! Nichts Neues, Überraschendes, Verblüffendes, Provozierendes! Alles, was man da liest, war zu erwarten.

> *Es empfiehlt sich, mit der Facharbeit früh zu beginnen. So hat man genügend Zeit, sorgfältig zu arbeiten, und man vermeidet Stress. Es wäre gefährlich, in Zeitdruck zu geraten, denn: Darunter könnte die Qualität der Arbeit leiden ...*

„Ach was!", möchte man mit Loriot da ausrufen. Ob das alles der Leser und die Leserin nicht schon wussten!? Vorschlag: komplett streichen!

Es gibt auch gedankliche Klischees, die man vermeiden sollte, alltägliche Denkmuster, wie man sie häufig, beispielsweise in Zeitungskommentaren, zu lesen bekommt und nach denen man oft ganz unbedacht greift:

- Muss geringe Wahlbeteiligung gleich mit Politikverdrossenheit erklärt werden?
- Ist Individualisierung tatsächlich ein Synonym für Egoismus?
- Kann man vom Konsum harter Filme schnurstracks auf Verrohung schließen?

Überprüfen Sie Ihre Ausführungen beim Überarbeiten sorgfältig auf solche intellektuellen Kurzschlüsse!

Textanfänge

Im Rahmen einer Gemeinschaftsaktion der Karton- und Faltschachtelhersteller unter dem Dach der Initiative Umwelt und Papier (IUP) und Pro Carton hatten von Mitte Mai bis Ende Juli 1996 ein Info-Truck sowie eine produzierende Mini-Papiermaschine rund 50 Schulen im gesamten Bundesgebiet besucht.
(Einleitungssatz eines Beitrags zu einer Gymnasiums-Festschrift)

Nun, korrekt scheint dieser schreckliche Satz zu sein. Die Aussage ist gut verpackt – wie in einem Karton eben. Um Verpackung geht es auch in folgendem Beispiel:

Der Text „Mit grünen Fröschen gibt es keinen Ärger. An der Schule Sinstorf trägt eine Klasse die gleichen Pullover" ist von Frank Heike verfasst und in der „Frankfurter Allgemeinen Zeitung" am Donnerstag, 4. Dezember 2000 (S. 14), erschienen. Darin geht es um das Thema Schuluniform ...

Welch eine Ouvertüre! Statt zu schreiben:

Raus aus den Markenklamotten – rein in die blau-weiße Schuluniform. Was viele Pädagogen und Eltern noch auf Kongressen, in Leserbriefspalten und bei Parteitagen diskutieren, ist in Sinstorf bei Hamburg bereits Wirklichkeit ...

Mit der Tür ins Haus zu fallen schafft Aufmerksamkeit. Versuchen Sie, mit einer These zu eröffnen oder zugespitzt aufs Thema hinzuführen – die ersten Worte sollten sagen, worum es geht. Dafür reicht übrigens oftmals ein Satzdreh im Verhältnis zur üblichen Fassung. Nicht:

Im Dezember des vergangenen Jahres wurde die politische Diskussion in der Hauptstadt Berlin – schon eingeschlafen! – vom X-Skandal beherrscht.

Sondern:

Der X-Skandal beherrschte ...

Riskieren Sie etwas!
Viele Schüler lernen in der Schule vor allem, vorsichtig zu sein – Fehlervermeidungsstrategien. Das macht Texte nervenzerrend substanzlos. Bemühen Sie sich darum, etwas auf den Punkt zu bringen: Bombenanschläge sind nicht nur *schrecklich* oder *heutzutage immer häufiger* oder *abzulehnen* oder *bedrohlich* – sondern, pointierter: *eine neue Form der Kriegsführung!*
Und *Pointierung* heißt auch, Pointen zu setzen, also gewissermaßen einen Knalleffekt zum Abschluss zu präsentieren:

> *Nach all dem kommt man zu dem Ergebnis, dass Goethe (in „Faust I") mit der Figur Gretchen nicht nur die deutsche Frau darstellen wollte, sondern dass er sie nach einem ganz anderen Muster gestaltete – nach dem Muster einer verfolgten Hexe.*[11]

Einzige Bedingung: Für einen effektvollen Abschluss müssen sie eine Begründung aus dem Hut ziehen.

Vermeiden Sie Monotonie!
Immer gleiche Satzstrukturen wirken einschläfernd. Durchbrechen Sie den ständigen Subjekt-Prädikat-Objekt-Rhythmus, natürlich auch, bei aller empfohlenen erzählerischen Schreibweise, ein starres *und dann-und dann-und dann*-Schema! Bündeln Sie Sätze, mindestens zwei Sätze, zu Abschnitten, die sinnentsprechend voneinander getrennt sind, logisch oder chronologisch. Lockern Sie auf diese Weise die Seite auf – aber jetzt sind wir schon im Themenbereich Gestaltung ...

---

11 Das können Sie dann in der Fußnote absichern: Vgl. Albrecht Schöne: Faust. Kommentare. Frankfurt a. M. 1994. (= J. W. Goethe: Sämtliche Werke. I, Bd. 7/2). S. 120 ff., 342 ff. und 940 f.

TIPP

Lassen Sie gegenlesen! Bitten Sie eine Bekannte oder einen Bekannten, nicht nur nett oder voller Bewunderung zu sein („Wusste gar nicht, was unser Junge schon alles kann!"), sondern unterstützend-kritisch. Sie wissen schon, gefragt ist so ein Typ Kritiker, der sagen würde: „Ganz toll, aber vielleicht könnte man das 2. Kapitel *noch* besser hinkriegen, wenn man es umschriebe ...?"

Dann können Sie erst mal ein wenig abspannen, einen Spaziergang im Grünen zwischenschieben (wenn Sie nicht gerade eine forstwissenschaftliche Facharbeit schreiben...).

Techniken fachlichen Arbeitens

Zitierweise

Eine Facharbeit besteht zu einem nicht geringen Teil aus der Verarbeitung fremden Materials. Ich muss über weite Strecken zitieren. Dieses Zitieren ist genau geregelt, denn es geht um:

- Genauigkeit,
- Nachprüfbarkeit sowie
- Respekt vor dem geistigen Eigentum anderer.

Ich kann ja nicht als meine Leistung ausgeben, was ein Verdienst anderer ist; ich muss, wenn ich Aussagen anderer als *Rohmaterial* zu eigenen Erkenntnissen verarbeite, diese Quellen und Materialien überprüfbar machen durch genauen Nachweis; schließlich darf ich Aussagen nicht verfälschen.

Genaues und sinngemäßes Zitieren

Viele Schüler denken, es reiche das *sinngemäße* Zitieren, wie es im Journalismus üblich ist. Beispiel:

> Der Fest-Organisator sagt: *Das Fest ist uns, glaub' ich, ganz toll gelungen, nicht wahr?*
> Der Journalist macht daraus die Überschrift: *Festkomitee: „Ein tolles Fest!"*

Aber in wissenschaftlichen Zusammenhängen muss der Wortlaut der Vorlage unverändert, also wörtlich, wiedergegeben werden – da kann man das Zitieren gut mit den Computer-Befehlen *Kopieren* und *Einfügen* vergleichen. Vor allem darf **nicht sinnentstellend** zitiert, also aus dem Zusammenhang gerissen werden. Beispiel:

> Frage: *Frau X., was halten Sie von der Steuerreform?*
> Antwort: *Ich halte nichts davon, hier vor laufenden Kameras unvorbereitete Aussagen zu treffen!*
> Schlagzeile: *Frau X. zur Steuerreform: „Ich halte nichts davon!"*

Sinngemäßes Zitieren heißt: Die herausgenommenen wörtlichen Partien dürfen nicht der Gesamtaussage widersprechen.

Kürzen und ergänzen

Ich kann eine Vorlage kürzen, ich muss sogar oft kürzen, wenn der zu zitierende Satz zu lang ist oder für mich Unwesentliches enthält. Ich habe dies aber kenntlich zu machen. Ähnlich ist es, wenn ich fürs Verständnis meines Textes etwas ergänzen oder verändern muss, weil der zitierte Satz(teil) wegen seines Baus nicht in meinen Text passt. Dann wiederum ist die Ergänzung oder Veränderung kenntlich zu machen. Beispiel:

Wortlaut: *Die Aufführung in ihrer Direktheit, was Beziehungsfragen angeht, ist geeignet, die Moral von Kindern und Jugendlichen zu untergraben.*

Zitierbeispiel 1: *Der Autor kommt zu der Ansicht, dass die Aufführung „geeignet (sei), die Moral von Kindern und Jugendlichen zu untergraben".*

Zitierbeispiel 2: *Bezogen auf die Direktheit des Stücks meint der Autor: „Die Aufführung (...) ist geeignet, die Moral von Kindern und Jugendlichen zu untergraben."*

Zitierbeispiel 3: *Während der Kulturverwaltung der Preis der Inszenierung nicht gefällt, kritisiert ein Pädagoge deren „Direktheit, was Beziehungsfragen angeht".*

- **Kürzungen** werden durch Auslassungspünktchen in Klammern gekennzeichnet.
- **Ergänzungen** werden in Klammern hinzugesetzt.

Kurze Zitate
Unwesentliche Formulierungen, einzelne Wörter brauchen in der Regel nicht als Zitat kenntlich gemacht zu werden:

Goethe sprach gern vom „Sommer“, der so viel „Sonne“ bringe.

Das wäre eine Übertreibung. Anders ist es, wenn einzelne Wörter schon als Sprachschöpfungen oder besondere Aussagen gelten können:

Das alles war für Goethe „Quark“.
Dem könne, meinte Gottsched, „niemand“ widersprechen. Lessing aber widersprach. Er sei, schrieb er, dieser „Niemand“!

Lange Zitate
Wenn man auf einen ganzen Absatz hinweisen will, reicht es, ihn zu benennen:

Besonders verfehlt ist der dritte Absatz der Rede.

Bitte nicht in einem solchen Fall zu zitieren beginnen und mit Pünktchen anzeigen, dass der Leser nun bitteschön selber weiterlesen darf ...

Die Autorin verfehlt ihre Absicht vor allem ab Z. 36, wenn sie schreibt: „Gelungen ist die Darbietung insbesondere, was die Ouvertüre angeht, die ...“ Ich kann ihrer sonderbaren Argumentation nicht folgen.

Einzelheiten
Sammle ich Belege in einem Text, nenne ich in der Regel die Zeilen; bei Angabe kurzer Fundstücke müssen Anführungszeichen nicht gesetzt werden:

Metaphern finden sich in den Zeilen 9, 13 f. und 29 ff.: „Radiergummi fürs Hirn“, „Hubert, ein Rambo an Zartfühligkeit“, „TV: Löschkalk für die Sinne“.
Botho Strauß benutzt in seinem Essay ungewöhnliche Begriffe: Einstweh, Spinnpunkt, das Weltfremde, aber auch Epiphanie und Entelechie.

Was heißt noch mal „ff."?
Weise ich auf einen Text hin, der auf S. 9 beginnt und auf S. 10 endet, oder meine ich Ausführungen, die verstreut auf den Seiten 9 und 10 stehen, dann schreibe ich: S. 9 f. (= folgende Seite). Zitiere ich aus mehr als zwei Seiten hintereinander, steht da: S. 9 ff. (= folgende Seiten).

Fußnoten – Anmerkungen – Literatur- und Quellenverzeichnis

Ich muss nicht nur korrekt zitieren, sondern auch angeben, woher ich dieses Argument oder jenes Belegstück habe, wo diese sonderbare Äußerung steht oder worauf ich mich mit jener Schlussfolgerung beziehe, damit nachprüfbar ist, was ich da ausführe. Und dieser Verweis muss präzise sein. Ich mache zunächst eine kurze Angabe im Text (in Klammern) oder besser als **Fußnote**; die ausführlicheren Angaben finden sich im **Literaturverzeichnis** am Ende der Arbeit.

Wenn ich zitiere, füge ich eine **hochgestellte Zahl** an[12] und gebe **am Fuß der Seite**[13] die Belegstelle an[14]. Im **Literaturverzeichnis**[15] finden sich dann die genauen Angaben:

> *Niederhauser, Jürg: Die schriftliche Arbeit. Ein Leitfaden zum Schreiben von Fach-, Seminar- und Abschlussarbeiten in der Schule und beim Studium. Literatursuche, Materialsammlung und Manuskriptgestaltung mit vielen Beispielen. 3., völlig neu bearbeitete Auflage. Mannheim, Leipzig, Wien, Zürich 2000.*

---

12 Dies war noch kein Zitat, lediglich eine Anmerkung.
13 Alternativ auch am Ende der Arbeit. (Wenn Sie nicht sicher sind, fragen Sie den Fachlehrer nach diesen Formalitäten.)
14 Niederhauser: Die schriftliche Arbeit, S. 22 f.
15 Literaturverzeichnis s. S. 163 dieser Arbeit („s." = siehe).

In dieser Broschüre findet man sehr genaue Hinweise, wie der so genannte *wissenschaftliche Apparat* zu gestalten ist. Für eine Facharbeit genügen allerdings, so denke ich, folgende Regelungen.

Damit die Fundstelle überprüfbar ist, geben Sie an:

Name des Autors, Vorname: Titel, Untertitel (falls vorhanden). **Verlagsort Jahreszahl. Seitenzahl(en):**

> Mai, Manfred: Geschichte der deutschen Literatur. Weinheim und Basel 2001. S. 52 ff.

Oft sind aber noch viele weitere Angaben zu machen: Handelt es sich um eine **Übersetzung**, eine neue **Auflage**, ist sie verändert, ist das Buch in einer **Reihe** erschienen?

Name des Autors, Vorname: Titel, Untertitel (Angaben zur Übersetzung). Auflage (ab der 2. Auflage), Jahreszahl. Verlagsort Jahreszahl der Erstausgabe. (= Reihe). Seitenzahl(en):

> Diesner, Hans-Joachim: Kriege des Altertums. Griechenland und Rom im Kampf um den Mittelmeerraum. 5. Auflage 1990. Berlin 1971 (= Kleine Militärgeschichte; Kriege). S. 138.
>
> Duby, Georges: Die Frau ohne Stimme. Liebe und Ehe im Mittelalter (aus dem Französischen von Gabriele Ricke und Ronald Voullié). Berlin 1989 (= Kleine Kulturwissenschaftliche Bibliothek, hg. von Ulrich Raulff). S. 49 f.

Gibt es **mehrere Autoren**, trennt man sie per Schrägstrich oder fügt „u.a." (= und andere) an:

> Schnack, Dieter/Neutzling, Rainer: Kleine Helden in Not. Jungen auf der Suche nach Männlichkeit. Vollständig überarbeitete Neuausgabe, 2000. Reinbek 1990. S. 89 ff.

Handelt es sich um **Herausgeber**, etwa in einem Sammelband, setzen Sie hinter den oder die Namen: (Hg.).

Blauert, Andreas (Hg.): Ketzer, Zauberer, Hexen. Die Anfänge der europäischen Hexenverfolgungen. Frankfurt a. M. 1990. S. 245 f.

Ist der Beitrag, aus dem Sie zitieren, in einem **Sammelband** oder einer **Zeitschrift** oder **Zeitung** erschienen, wird der Beitragstitel in Anführungszeichen gesetzt:

Winkels, Hubert: „Gleiten und Stottern. Zwei Paradigmen der Mediennutzung". In: Hörisch, Jochen (Hg.): Mediengenerationen. Frankfurt a. M. 1997. S. 130-150.

Ist der Beitrag aus einer **Zeitschrift**, gibt man die Bandnummer und das Erscheinungsdatum an:

Schmidbauer, Wolfgang: „Die Helden der Tagträume". In: Kursbuch 138 (1999), S. 76-87.

Ist der Beitrag aus einer **Zeitung**, muss man das Erscheinungsdatum ergänzen:

Kaiser, Karl: „Wie das Internet die Weltpolitik verändert. Diktaturen werden es schwerer haben, und die Prägekraft der Territorialstaaten wird abnehmen". In: Frankfurter Allgemeine Zeitung, 10. Januar 2001, S. 8.

Dies sind schon alle wesentlichen Spielarten für Verweise auf Zeitungen, Zeitschriften und Bücher. Man sieht, es geht nicht nur um die genaue Seitenzahlangabe, sondern auch um die Angabe der Ausgabe (Ort und Jahr, denn weitere Auflagen oder eine Taschenbuch-Ausgabe eines Titels könnten andere Seitenzahlen haben). Man findet diese Angaben im Impressum des Buches (auf einer der ersten oder der letzten Seiten) und bei der Zeitschrift bereits auf dem Deckblatt.

Verweis auf mündliche Auskünfte, Archivfunde usw.
Wie steht es mit mündlichen Auskünften? Wie muss ich andere Belegmaterialien wie beispielsweise in Ordnern gesammelte Interviewabschriften und in Vitrinen verwahrte Archivfunde nachweisen? Nun, Sie gehen nach dem gleichen Schema vor, müssen aber einen genauen Bezug zum jeweiligen Ordnungssystem herstellen:

- *Telefonische Mitteilung, 15. Januar 2001.*
- *Menschlicher Schädelfund 4: Warstein. Städtisches Museum Haus Kupferhammer. Bodenmagazin. Raum C 4. Schrank 3. Nr. 489.*
- *Verkaufsurkunde Meyer-Dieterich: Staatsarchiv Münster. Herzogtum Westfalen, Forstarchiv. Nr. 3492*

Wie ist es mit den Funden aus dem Internet?
Da reicht es natürlich nicht anzugeben: „Material aus dem Internet", sondern man muss die genaue Fundstelle nachweisen:

Enste, Stefan: „Kannibalen in Westfalen? Zur Deutung nachpaläolithischer Höhlennutzung". URL[16]*: www.bilsteinhoehle.de/Urgeschichte.htm (Stand: 23. Februar 2003).*

Da gerade bei Internet-Adressen sich leicht falsche Angaben ergeben, die dem Leser beim Nachsehen ein *Error* einhandeln, und da die Seiteninhalte schnell ausgetauscht werden, empfiehlt es sich, die ausgewerteten Seiten auszudrucken und im Anhang oder einer gesonderten Beilage zu sammeln und mit abzugeben (oder zumindest vorzuzeigen). – Viele Schulen sind inzwischen zu diesem Verfahren übergegangen. Kein Wunder, bei dem nicht unberechtigten Misstrauen gegenüber dem Internet als großem Helfer ...

16 URL= Uniform Resource Locator, vollständige Beschreibung einer Internet-Adresse.

Was das Zitieren und den Quellenverweis angeht, beachten Sie bitte folgende *TIPPS*!

- Wenn Sie zitieren oder Ausführungen in Ihrem Text belegen müssen, müssen Sie einen Verweis zunächst direkt im Text anbringen, per **Fußnote** (oder einer **Anmerkung in Klammern**). Der Hinweis kann kurz gefasst sein, denn im **Literaturverzeichnis** finden sich ja ausführliche Angaben.
- Es muss nicht – wenn Sie etwa ein Zeitzeugengespräch detailliert bearbeiten – an jedem Satz eine Fußnote angebracht werden! Geht es immer um dieselbe Quelle, können Sie vielmehr auch für einen ganzen Abschnitt einen **gemeinsamen Verweis** anfügen.
- Es gibt verschiedene Arten, diese Angaben zu gestalten. Beachten Sie die Vorgaben Ihrer Schule! Entscheidend ist: **Einheitlichkeit**.
- Weitere Details in dem schon angegebenen Heftchen von Jürg Niederhauser (s. Literaturverzeichnis S. 163).

Präsentation

Präsentation meint zweierlei:
- die äußere Gestalt der Facharbeit sowie
- die verschiedenen Möglichkeiten, die Facharbeit der Klasse oder der (Schul-)Öffentlichkeit vorzustellen.

Gestaltung der Endfassung

Immer wieder trifft man in der Schule auf die Ansicht, es komme doch wohl bei schriftlichen Arbeiten auf den Inhalt an, die eigentliche gedankliche, wissenschaftliche Leistung, die Substanz eben. Alles andere sei nebensächlich, als da wären die Rechtschreibung, der Ausdruck und das äußere Bild der Arbeit!
Man kann sich dem Argument nie ganz entziehen, aber was erbringt eine intelligente Studie, wenn man sie nur mit Mühe lesen bzw. verstehen kann? Der übliche, ganz normale Reflex, auf schlampige Arbeiten ablehnend zu reagieren, zeigt schon, für wie wichtig wir Stil und Gestaltung erachten: Wie angenehm, ohne Mühe den Text lesen zu können, wie erleichternd, einen flüssigen, vielleicht sogar eleganten und witzigen sprachlichen Ausdruck vorzufinden, und wie motivierend, durch Zwischentitel und Illustrationen (Fotos, Karikaturen) die Arbeit gefällig aufgemacht zu sehen! Nicht zuletzt erfüllt es auch die Autorinnen und Autoren mit einem gewissen Stolz, ein ansehnliches kleines Werk vorweisen zu können.
Zudem kann man mittlerweile davon ausgehen, dass in nahezu jedem Haushalt ein Computer zur Verfügung steht. (Ansonsten muss die Schule einen Arbeitsplatz am PC bereitstellen.) Nun können Sie also, wo früher radiert oder mit Tipp-Ex gearbeitet wurde, die Spuren der Veredelung des Textes tilgen, ferner

können Sie immer wieder, ohne Schere und Klebestift, den Text umbauen, bis das Manuskript all Ihren Erwartungen und denen der Beratungslehrer entspricht. Ja, Sie können sich sogar mit Korrigier-Programmen die Rechtschreib-Korrektur erleichtern (nicht ersparen).

Textfassung

Es ist für wissenschaftliche Arbeiten üblich, den Text in einer nicht-kursiven Schriftart, z. B. *Times New Roman*, in der Schriftgröße *12 Punkt*, bei eineinhalbzeiligem Abstand zu setzen (DIN A4, einseitig). Das ergibt gut 2000 Anschläge pro Seite, etwa 300 Wörter. Rand: oben 2,5, unten 2, links 3, rechts 2,5 cm. So oder ähnlich regeln es die meisten Schulvorgaben. Es geht dabei auch um Lesefreundlichkeit und die quantitative Vergleichbarkeit.

Nehmen Sie keine *Kursiv*- und keine **Fett**-Schrift – diese auffälligen Schriftformen sollte man sich für *hervorzuhebende* **Stellen** aufsparen.

Längere **Zitate** können Sie einrücken, also um einige Anschläge nach rechts schieben, und einzeilig setzen.

> *Schreibpädagogen weisen immer wieder darauf hin, dass die Studenten auf dem Weg zum freudigen Formulieren zweierlei trainieren müssten: Schludern und Feilen. Einfach drauflosschreiben, um Hemmungen abzubauen, in einem zweiten Schritt Formulierungen schärfen und vor allem: es nach einer vernünftigen Überarbeitungszeit gut sein lassen. Nicht zu viel von sich verlangen, sich selbst Zeit geben, schreiben zu lernen, das rät der Erfurter Psychologie-Professor Otto Kruse:*
> *„Vielen Studenten, die wegen Schreibhemmungen zu uns kommen, scheint das Schreiben kaum der Übung wert; sie wollen es einfach können.“*
> *Doch ähnlich wie beim Klavierspielen machten erst Übung und Lust am wachsenden Vermögen den Meister.*[17]

17 Beyer, Susanne: „Kopieren geht über Studieren“. In: Der Spiegel 15/2000, S. 72.

Titel der Arbeit, Kapitel-Überschriften und Zwischentitel
Sie kennen aus der Lektüre von Zeitungen und Zeitschriften den Reiz spritziger Überschriften, die uns zum Lesen der Texte verlocken. Sie sollten durchaus ein wenig Leserorientierung vom Journalismus übernehmen! Formulieren Sie doch den Titel doppelt – einmal nüchtern-inhaltlich, sodann attraktiv-feuilletonistisch, z. B. durch wörtliche Zitate:

> **„Hauptsache, Papa war wieder da!"**
> Eine *Oral History*-Untersuchung zum Kriegsende in B.

Lassen Sie für Überschriften einen Abstand nach oben und unten und heben Sie sie durch **Fettschrift** und eine **größere Punktzahl** ab.
Sie können auch durch kleinere Zwischentitel, wenn diese sachlich begründet sind, längere Abschnitte auflockern, attraktiver machen und auf diese Weise Neugier erwecken.

Titelblatt
Das Titelblatt sollte informieren über **Thema** und **Autor bzw. Autorin**, aber das versteht sich ja von selbst. Ansonsten ist angebracht, den Charakter der Arbeit – eben ***Facharbeit***, um Missverständnisse zu vermeiden, man weiß ja nicht, welchen Weg die Arbeit noch nehmen mag! – anzugeben sowie die **Schule** und das **Jahr**. – Wenn nicht genau vorgeschrieben ist, wie dieses Deckblatt aussehen soll, bietet es sich auch zu einer illustrativen Gestaltung an.

Fußnoten, Seitenzahlen
Es ist heute ein Leichtes, mithilfe der Computertechnik Anmerkungen am Fuß der Seite anzubringen, ebenso wie die Seitenzahlen. Die Anmerkungen können dann in **kleinerer Schriftgröße** erscheinen. Auf jeden Fall sollte der **Abstand nur einzeilig** sein. Fügen Sie für Anmerkungen hinter dem Zitat oder der Formulierung, die Sie noch ergänzen oder kommentieren wollen, eine kleine hochgestellte Zahl an, die Sie am Zeilenbeginn der Fußnote wieder aufgreifen.[18]

---

18 Genau so. Vergleichen Sie auch die Fußnoten auf S. 111.

Illustration
Es wertet das äußere Bild der Arbeit auf und schafft Leseanreiz, wenn Sie die Arbeit illustrieren. Aber Vorsicht: Es geht nicht um Aufblähung und willkürliche Auflockerung! Präsentieren Sie als optische Materialien (Schaubilder, Karikaturen, Fotos) nur **sinnvolle Ergänzungen**. Es geht um Veranschaulichungen des Textes!
Da bekanntlich ein Bild oft mehr als tausend Worte sagen kann, muss die Illustration auch Substanz haben: Originalfotos aus der Nachkriegszeit zu Erzählungen von der Stunde Null, Porträts der Interviewten, ein Bild von den Dritte-Welt-Zuständen als quasi-Kommentar zu einem Werbeprospekt für Fernreisen und zu einer Arbeit über Fremdenfeindlichkeit Titel-Ausrisse von Zeitungstexten, in denen Unternehmen sich für Zuwanderung aussprechen.
Bilder wie das Foto des ersten Menschen auf dem Mond oder die unscharfen Aufnahmen vom Kennedy-Attentat haben ja eher Symbol- als Mitteilungswert – also Vorsicht mit allseits bekannten Motiven! Und seien Sie erst recht zurückhaltend

Fotos in der Facharbeit: nicht nur reine Illustration (Ausgrabungsprojekt)

gegenüber Comic-Flachware von Bürowand-Qualität *(Ei'm Inschenör wird nichts zu schwör!)* und den unsäglichen Normal-Cliparts. Seien Sie einfach im Wortsinn originell!
Wie weit Sie Illustrationen mitrechnen können für den geforderten **Umfang** der Arbeit, müssen Sie vorher mit Ihrem Lehrer besprechen. Wesentliche Textergänzungen in Form von Grafiken und Fotos sind jedenfalls dem Text gleichwertig!
Alle Illustrationen müssen Sie **erklären**, mit Textzeilen, die die notwendigen Angaben enthalten (auch den Fotografen oder die Quelle, der Sie das Material entnommen haben, sowie evtl. den Zeitpunkt der Aufnahme; ggf. machen Sie diese Angaben in einem eigenen Bildverzeichnis im Anhang.)

> *Der Marktplatz von B. nach der Bombardierung am 5. April 1944 (Foto: Stadtarchiv)*

oder

> *Die neue Photovoltaik-Anlage auf dem Dach des Conrad-von-Soest-Gymnasiums in Soest (eigene Aufnahme)*

Klammern, lochen, klemmen?
Und wie *verpackt* man die Arbeit am günstigsten? Nun, Sie brauchen die Arbeit nicht binden zu lassen, aber sie zu klammern wäre doch wohl zu simpel und ein Aktenordner zu gewaltig. Es gibt in Schreibwarengeschäften ein reichhaltiges Angebot an attraktiven Verhüllungen für derlei Arbeiten, zum Lochen oder zum Klemmen.

TIPP
Es mag sich empfehlen, die Facharbeit in doppelter Ausfertigung abzugeben – sofern eine Dokumentation geplant ist. Dann kann Ihr Lehrer nach Herzenslust in einer Ausfertigung (einer einfachen Kopie?) korrigieren und Sie können die „unberührte Version" auslegen oder ausstellen. Vielleicht arbeiten Sie auch erst die Korrekturen ein, bevor Sie Ihr Ausstellungsstück präsentieren.

Anhang
Den Wortlaut von Interviews, Statistiken, Dokumenten und was sonst noch als Beleg dient oder von zusätzlichem Wert ist, allerdings den Rahmen der Arbeit selbst sprengen würde, können Sie als Anhang Ihrem Werk beigeben. Machen Sie diese Anlagen nicht zu umfangreich; einer Arbeit über die Verkehrsplanung in Ihrer Heimatstadt muss nicht das 300-seitige Verkehrsgutachten eines Planungsbüros beigefügt werden. (Vereinbaren Sie, ob Sie die Internet-Materialien – s. S. 114 – hier oder in einer gesonderten Anlage einreichen.)
Ein umfangreicherer Anhang sollte mit einer eigenen Inhaltsangabe versehen werden.

Literatur- und Quellenverzeichnis
Das schon häufiger erwähnte Literatur- und Quellenverzeichnis kommt ans Ende des Anhangs bzw. ans Ende der Arbeit. Es listet alle von Ihnen verwendeten Hilfsmittel auf: Bücher, Zeitschriften und Zeitungen, Internetfunde, Telefonauskünfte, Auskünfte in mündlichen Gesprächen, Archivmaterialien usw. mit ausführlichen Angaben (s. S. 111 ff.).

Selbstständigkeitserklärung
*Last not leas*t müssen Sie Ihrer Arbeit eine unterschriebene Erklärung beifügen, in der Sie versichern, die Arbeit selbstständig angefertigt zu haben – mit etwa folgendem Wortlaut:

> *Hiermit versichere ich, diese Facharbeit ohne fremde Hilfe angefertigt und nur die im Literaturverzeichnis angeführten Quellen und Hilfsmittel benutzt zu haben.*

Oder bei Gruppenarbeit:

> *... versichere ich, dass ich ... (genaue Angaben über den/die entsprechenden Teil/e: Seitenzahlen, Kapitelnummern) dieser Facharbeit ...*

(Ort und Datum) *(Unterschrift)*

Vorstellung der Arbeit

Wie bedauerlich wäre es, wenn Ihre wochenlange Arbeit, abgesehen von Freund und Freundin sowie den üblichen Fans in der Familie, nur einen einzigen weiteren Leser fände – den Lehrer!
Wir gehen jetzt wie selbstverständlich davon aus – das sollte ja auch der Zweck dieses Handbuchs sein –, dass Sie etwas Interessantes ausgegraben oder etwas Faszinierendes erarbeitet haben:
Wie kann man Ihnen nun für diesen bemerkenswerten Wurf ein wenig mehr Aufmerksamkeit, mehr Öffentlichkeit verschaffen?

Referat

Eine häufig wahrgenommene Möglichkeit ist der Vortrag der Arbeitsergebnisse vor dem Kurs. Dabei ist freilich zu bedenken, dass ein Referat (aber das wissen Sie ja!) nicht eine Vorlesung sein darf. Es muss gesondert vorbereitet werden, als im Umfang erheblich **gekürzte** Vorstellung der Arbeit in möglichst freiem Vortrag, evtl. mit **neu** bereiteten Medien: Folien, Dias, Kopien – oder Sie spielen spannende Interview-Passagen vor!

Ausstellung oder Dokumentation

Man kann die Facharbeit auslegen, beispielsweise anlässlich öffentlicher Veranstaltungen der Schule[19]. Allerdings hat eine solche Ausstellung im Wesentlichen nur einen oberflächlichen Demonstrationseffekt: „Seht her, welch‘ tolle Arbeiten unsere Schüler geschrieben haben!“ Man blättert kurz in den Mappen und staunt respektvoll ...
Für eine Ausstellung sollten geeignete Präsentationsformen entwickelt werden, Blickfänge wie etwa Plakate, die in extremer Reduktion die Kernaussage aufbereiten.

---

19 Bedenken Sie, dass möglicherweise Teile Ihrer Arbeit nicht für die Öffentlichkeit bestimmt sind – die müssten Sie dann entfernen oder unkenntlich machen.

Passender wäre eine **Dokumentation** der Facharbeiten in einer schulischen Veröffentlichung, ein Gesamtkatalog beispielweise – mit jeweils einem Auszug aus den Arbeiten.
Ideen kann man hier jede Menge entwickeln: Sie stellen die Arbeiten ins **Internet**, präsentieren sie im Rahmen von **Projekttagen**, bereiten sie in **Kooperation** mit Kunstkursen oder den in NRW obligatorischen Literatur-Kursen auf usw.
Auf jeden Fall sollten die Arbeiten in der Schule aufbewahrt werden, zumindest um nachfolgenden Jahrgängen modellhafte Facharbeiten vor Augen führen zu können.
Im Anhang finden Sie ab S. 127 zwei gelungene und auch von den Betreuungslehrern recht positiv bewertete Facharbeiten als Musterbeispiele.

Außerschulische Öffentlichkeit
Da sich zunehmend das öffentliche Interesse der Schule zuwendet – es gibt Wettbewerbe ohne Zahl und fast jede Lokalzeitung richtet Sonderseiten ein oder bietet journalistische Projekte an –, sollte auch überlegt werden, die Arbeiten der allgemeinen Öffentlichkeit zu präsentieren. Erst recht, wenn lokalhistorische Ereignisse aufgearbeitet oder ökologische Untersuchungen vorgenommen wurden.

- Bereiten Sie Ihre Arbeit für eine Presseveröffentlichung auf, verfassen Sie eine etwa eineinhalbseitige Textversion, mit einem attraktiven zusammenfassenden Vorspann versehen, nebst Fotomaterial.
- Bitten Sie die Schulleitung, Medienvertreter zu einer Dokumentation der Arbeiten einzuladen – oder zu einer Pressekonferenz, in der einige ausgesuchte Arbeiten von besonderem lokalen Interesse stellvertretend präsentiert werden.
- Vielleicht macht eine Lokalfunk-Station eine Sondersendung mit Ihnen, wobei sich Arbeiten mit viel O-Ton (beispielsweise von Zeitzeugen-Gesprächen) besonders eignen würden.

TIPP
Gelegentlich findet man die Anregung, die Facharbeit als Ereignis schulisch zu ritualisieren, mit einer gemeinsamen Veranstaltung zu Beginn der Arbeitsphase und einem festartigen Abschluss: Überreichung von kleinen Urkunden beispielsweise oder eben auch Präsentation ausgewählter Arbeiten. – Wenn Ihnen das gefällt, sprechen Sie mit der Schulleitung!

Nehmen Sie sich für die Zeit nach der Facharbeit etwas Schönes vor...

So, das wär's!
Wir sind am Ende angelangt, heften unser großes Werk ab – und jetzt soll die Arbeit vergilben?
Nein, mitnichten! Der wichtigste Effekt ist noch gar nicht zur Sprache gekommen: Dass diese Arbeit Sie fasziniert hat, dass Sie, zumindest insgeheim, begeistert davon waren, zu erleben, was Sie selbst so zustande bringen! An diese Facharbeit werden Sie, eine gute Note vorausgesetzt, sicher lange in angenehmer Weise zurückdenken, sie dürfte Spuren hinterlassen in Ihrer Biografie – **wieder ein interessantes Thema für eine Facharbeit**! – und möglicherweise Ihre Zukunftsplanung beeinflussen.
Nun, das wäre doch immerhin etwas ...

Anhang

Wie wird Ihre Facharbeit beurteilt?

Nun, zunächst einmal wie andere Leistungen auch, wie eine Klausur; sicherlich wird das Gutachten aber ausführlicher ausfallen! Vielleicht hat man an Ihrer Schule einen speziellen Anforderungskatalog ausgearbeitet wie die Lise-Meitner-Schule in Leverkusen mit dem folgenden Beispiel:

Beurteilungsfragen an eine Facharbeit
(Die Abschnitte sind nach ansteigender Bedeutung geordnet, die einzelnen Fragen nicht.)

1) Formales

- Ist die Arbeit vollständig?
- Findet sich hinter dem Textteil ein Katalog sinnvoller Anmerkungen?
- Sind die Zitate exakt wiedergegeben, mit genauer Quellenangabe?
- Ist ein sinnvolles Literaturverzeichnis vorhanden mit Angaben zur in der Arbeit benutzten Sekundärliteratur, ggf. zur Primärliteratur?
- Wie steht es mit der sprachlichen Richtigkeit (Rechtschreibung, Zeichensetzung, Grammatik) und dem sprachlichen Ausdruck (Satzbau, Wortwahl)?
- Wie ist der äußere Eindruck, das Schriftbild; sind die typographischen Vereinbarungen eingehalten (Einband, Seitenspiegel, Seitenangaben, gliedernde Abschnitte und Überschriften)?

2) Inhaltliche Darstellungsweise

- Ist die Arbeit themengerecht und logisch gegliedert?
- Werden Thesen sorgfältig begründet; sind die einzelnen Schritte schlüssig aufeinander bezogen?
- Ist die Gesamtdarstellung in sich stringent?
- Ist ein durchgängiger Themenbezug gegeben?

3) Wissenschaftliche Arbeitsweise

- Sind die notwendigen fachlichen Begriffe bekannt? Werden die Begriffe klar definiert und eindeutig verwendet?
- Werden die notwendigen fachlichen Methoden beherrscht und kritisch benutzt?
- In welchem Maße hat sich die Verfasserin bzw. der Verfasser um die Beschaffung von Informationen und Sekundärliteratur bemüht?
- Wie wird mit der Sekundärliteratur umgegangen (nur zitierend oder auch kritisch)?
- Wird gewissenhaft unterschieden zwischen Faktendarstellung, Referat der Positionen anderer und der eigenen Meinung?
- Wird das Bemühen um Sachlichkeit und wissenschaftliche Distanz deutlich (auch in der Sprache)?
- Wird ein persönliches Engagement der Verfasserin bzw. des Verfassers in der Sache, am Thema erkennbar?

4) Ertrag der Arbeit

- Wie ist das Verhältnis von Fragestellung, Material und Ergebnissen zueinander?
- Wie reichhaltig ist die Arbeit gedanklich?
- Kommt die Verfasserin bzw. der Verfasser zu vertieften, abstrahierenden, selbstständigen und kritischen Einsichten?

(Zit. nach: Landesinstitut für Schule und Weiterbildung [Hg.], Empfehlungen und Hinweise, S. 31)

Beipiele für Facharbeiten

Wie sieht denn nun eine fertige Facharbeit aus? Oder: Wie sollte sie aussehen? Nicht um Normen zu setzen und einzuschüchtern, sondern um Material zur Orientierung und Auseinandersetzung zu liefern, haben wir einmal aus den am Soester Conrad-von-Soest-Gymnasium im März 2001 eingereichten Arbeiten zwei ganz unterschiedliche Beispiele ausgesucht. Es sind zwei unserer Ansicht nach gelungene Studien, die nur ganz leicht redaktionell verändert und gekürzt wurden.

Das Schicksal deutscher Kriegsgefangener in der Sowjetunion – ein Soester erzählt

von Anna Flocke

Facharbeit im Fach Geschichte (GK), Jgst. 12.2

Inhaltsverzeichnis

Vorwort

Als ich begann, in Büchern und Dokumenten über das Leben deutscher Kriegsgefangener in der Sowjetunion zu lesen, habe ich festgestellt, dass es besonders interessant ist, Zeitzeugenberichte miteinzubeziehen. Ich entschloss mich also die Methode „Oral History" anzuwenden. Unter „Oral History" versteht man die schriftliche Geschichtsaufzeichnung, bei der alle Informationen auf Anmerkungen von Zeitzeugen beruhen. Diese Erzählungen der Zeitzeugen sind dann natürlich nicht objektiv. Es geht vielmehr darum, eine individuelle Sicht der Dinge, die auf persönlichen Erfahrungen basiert, kennen zu lernen.
In diesem Zusammenhang möchte ich Herrn N. ganz herzlich danken, der mir sehr viel und lange über sein Leben in sowjetischer Kriegsgefangenschaft erzählt hat. Mit meiner Facharbeit „Das Schicksal deutscher Kriegsgefangener in der Sowjetunion – ein Soester erzählt" möchte ich das Leben der Kriegsgefangenen also sowohl objektiv darstellen als auch subjektiv mithilfe der Berichte von Herrn N.

A Geschichtlicher Hintergrund

Im Verlauf des Zweiten Weltkrieges gerieten mehr als zwei Millionen deutsche Männer, Frauen und selbst Kinder in sowjetische Kriegsgefangenschaft. Die Leiden dieser Menschen nach Ende des Krieges ist ein Thema der deutschen Nachkriegsgeschichte, über das nur wenige wirklich Bescheid wissen. Nachdem Hitler zu Beginn des Zweiten Weltkrieges zunächst viele Erfolge in ganz Europa erzielt hatte, griff Deutschland am 22. Juni 1941 ohne Ankündigung Russland an. Wichtige Ziele der Operation waren die Gewinnung der Industriegebiete in der Ukraine (Donezbecken) und um Leningrad. Erst danach war die Eroberung Moskaus geplant. Damit wäre Deutschland nicht mehr auf Lieferungen aus der Sowjetunion angewiesen gewesen.[1]

1 Ploetz, S. 1369

Insgesamt fielen 3,2 Millionen deutsche Soldaten in die Sowjetunion ein, es war ein Überraschungsangriff, auf den die Rote Armee nicht vorbereitet war. Die deutsche Wehrmacht gewann viele Schlachten und schon am 20. Oktober 1941 befanden sich die deutschen Panzer 78 Kilometer vor Moskau. Doch dann kam der Wintereinbruch mit schweren Schneefällen und Frost und brachte den deutschen Vormarsch am 5. Dezember 1941 zum Stehen. Da die deutsche Wehrmacht nicht auf den Winter vorbereitet war – es fehlte an Kleidung und Nahrung – wurde sie immer weiter zurückgedrängt.
Dabei wurde der Krieg mit äußerster Härte geführt. Hitler befahl den Truppen, „fanatischen Widerstand" zu leisten, und willigte erst am 15. Januar 1942 in den Rückzug ein. Ende Februar befanden sich die deutschen Truppen 120–320 km westlich von Moskau. Die 2. deutsche Offensive startete Anfang Mai 1942. Wieder gab es zunächst Erfolge auf deutscher Seite. Erst die Schlacht um Stalingrad brachte die Wende des Krieges. Mitte September drang die 6. Armee ins Stadtzentrum von Stalingrad ein, wo sie auf erbitterten Widerstand traf. Dann, am 23. November 1942, wurde die 6. Armee von der Roten Armee umzingelt. Bis zum 31. Januar leisteten die eingeschlossenen Truppen auf Befehl von Hitler Widerstand, doch dann mussten sie kapitulieren. Insgesamt gerieten 91.000 deutsche Soldaten nach der Schlacht um Stalingrad in sowjetische Kriegsgefangenschaft. Doch damit war der Krieg noch lange nicht zu Ende.[2]

Herr N. berichtet von der außerordentlichen Härte, die den Krieg mit Russland auch nach der Kapitulation von Stalingrad kennzeichnete. Sein erster Fronteinsatz war am 18.1.1945, Herr N. war damals gerade 17 Jahre alt und wusste nicht, dass der Krieg längst verloren war. Zusammen mit 212 weiteren Jugendlichen – die meisten kamen

2 Bald, S. 312 ff.

gerade von der Schule und hatten kaum militärische Erfahrungen – sollte er eine russische Vorhut aufhalten. Herr N. und all die anderen jungen Männer hatten keine Chance. Sie besaßen insgesamt nur 40 Gewehre, während die russische Vorhut mit 20 Panzern anrückte.[3] Es gab nur 64 Überlebende. Wie durch ein Wunder gelang Herrn N. die Flucht. Später hat er gehört, dass etliche seiner Kameraden in die Hände der Russen fielen. Doch die russischen Fronttruppen konnten keine Gefangenen gebrauchen: Die jungen Männer wurden ermordet.[4] Diese schlimmen Erlebnisse prägten die Angst von Herrn N. vor der sowjetischen Kriegsgefangenschaft. Hinzu kam, dass ihm die Russen als „Untermenschen" geschildert worden waren, mit „wenig Verstand". „Und dann wurde ihnen Wodka eingeflößt und wenn sie dann zum Angriff übergingen, waren sie halb besoffen, dann schossen sie aus der Hüfte heraus."[5] Diese falsche Darstellung führte zu Hass auf beiden Seiten.
Nach seinem zweiten Fronteinsatz geriet Herr N. am 23.4.1945 in englische Gefangenschaft. Drei Tage später wurde er an die Russen ausgeliefert.
1945 war für ihn nicht das Ende des Krieges. Für alle Kriegsgefangenen ging der Krieg weiter. Es war ein Kampf ums bloße Überleben.

B I. Organisation der Kriegsgefangenenlager

Um die Situation der Kriegsgefangenen besser verstehen zu können, ist es wichtig zu wissen, wie die Lager aufgebaut und organisiert waren.[6] Die Hauptverwaltung für Angelegenheiten von Kriegsgefangenen war der sog. Archipel GUPVI. Man kann das Archipel GUPVI mit zum Terrorapparat Stalins zählen, seit 1951 war es sogar dem GU-

3 Interview N., S. 20
4 A.a.O., S. 21
5 A.a.O., S. 21
6 Folgender Abschnitt s. Karner, S. 55 ff.

LAG[7] direkt unterstellt. Insgesamt umfasste das Archipel etwa 5000 Teillager, Spitäler und Arbeitsbataillone. Allerdings war diese Anzahl nie konstant, immer wieder wurden Lager geschlossen, an neuer Stelle errichtet oder zusammengefügt. Die Bedingungen in den Lagern waren verheerend. Hunderttausende verhungerten, erfroren oder erlagen Seuchen und Krankheiten.
Die Aufteilung auf die Lager erfolgte in Abhängigkeit von Rang, Nationalität und Gesundheitszustand der Gefangenen.
Eine Übersicht bietet die folgende Tabelle: ... [Tabelle aus Platzgründen gestrichen, die Redaktion]
Das weiterführende Ziel des Archipels GUPVI war, in kurzer Zeit einsatzfähige Arbeiter zu erhalten, um sie für den Wiederaufbau der Sowjetunion einzusetzen.

II. Transport ins Lager

Die langen und mühsamen Transporte der ehemaligen Soldaten in die Lager des Archipels fanden unter menschenunwürdigen Verhältnissen statt. Teils zu Fuß, teils mit dem Zug mussten die Gefangenen Hunderte von Kilometern zurücklegen.
Nach der Gefangennahme wurde Herr N. zunächst gefilzt. Filzen bedeutet, dass ihm alles abgenommen wurde. Er berichtet, dass er einen sehr schönen Füllfederhalter besaß, der ein wenig klemmte. Als die Russen den Füllfederhalter nicht öffnen konnten, warfen sie ihn auf den Boden und traten darauf. Auch sein Flugbuch und sein Soldbuch wurden ihm abgenommen und vernichtet.[8]
Daraus ergibt sich eine Art „Verlust der Persönlichkeit". Das Fliegen war ein Teil von Herrn N.s Jugend. In einer sinnlosen Aktion wird das Flugbuch zerstört. Genauso wie der Füllfederhalter. Diese Sinnlosigkeit ruft bei dem Ge-

7 Hauptverwaltung für Lager – Glavnoe upravlenie lagerej
8 Interview N., S. 23

fangenen Unverständnis und Hass gegen die Russen hervor. Für alle Kriegsgefangenen gab es nach dem Filzen keine Erinnerungsstücke an die Heimat mehr, nichts, woran sie sich hätten festhalten können. Ihre Identität und Individualität wird ihnen genommen.
Zu Beginn seiner Gefangenschaft musste Herr N. die Strecke von Luckenwalde nach Sagan – das sind 300 km – zu Fuß in elf Tagen zurücklegen. Die Gefangenen waren ermüdet und es gab nur sehr wenig zu essen – 4 Pellkartoffeln oder 20–25 Kekse pro Tag. Als Herr N. erzählt, dass Fußkranke, die am Wegrand sitzen blieben, einfach erschossen wurden, wird das damalige Gefühl der Macht- und Hilflosigkeit deutlich. Drei Männer, die versucht hatten zu fliehen, mussten vorneweg marschieren und wurden später erschossen.[9] Die Kriegsgefangenen waren verzweifelt.
Ab Sagan wurden die Gefangenen in Viehwaggons weitertransportiert.[10] In jedem Waggon wurde eine Zwischendecke gezogen, sodass man weder unten noch oben sitzen konnte. Die Türen wurden von außen verschlossen, die Gefangenen konnten den Zug nicht mehr verlassen. Als Ersatz für die fehlende Toilette gab es ein kleines Loch in einer der Waggontüren. Mithilfe eines Brettchens konnten die Kriegsgefangenen dann ihre Notdurft nach draußen befördern. Zu essen gab es auf diesem Transport täglich einen Viertel Liter Zuckerrübensuppe pro Tag.
Auf Grund von Krankheiten und Entbehrungen verstarben viele Menschen bei diesem Transport. Herr N. erzählt, dass eines Tages ein Wachposten auf einen Toten aufmerksam wurde, woraufhin der Leichnam einfach nach draußen gerollt wurde. Der einzelne Mensch zählte nicht mehr.
Nach drei Wochen kam Herr N. im Gefangenenlager in Gorlowka (Donezbecken/heutige Ukraine) an.

9 Interview N., S. 23
10 Interview N., S. 24

III. Das Lager

Da das Archipel GUPVI nach dem Krieg nicht auf den großen Zuwachs von Kriegsgefangenen vorbereitet war, mangelte es praktisch an allem. Die Unterkünfte waren mehr als unzureichend, Lebensmittel, Medikamente und Bekleidung waren kaum vorhanden.[11] Oftmals mussten die Gefangenen sogar ihr Lager erst selbst errichten. In einigen Fällen wurden die Gefangenen sogar in Zelten oder Erdhütten untergebracht.[12] Generell wurden die Lager so angelegt, dass die Gefangenen optimal und ohne Transportverluste zur Arbeit eingesetzt werden konnten.

Das Lager, in dem Herr N. untergebracht war, war eines der wenigen Lager, die keinen Bahnanschluss hatten.[13] Herr N. wurde in ein schon bestehendes Lager gebracht, doch auch dieses Lager war sehr notdürftig aufgebaut. Insgesamt waren dort 1200 Männer untergebracht, davon stammten 600 aus Ungarn und 600 aus Deutschland. Es gab acht einstöckige Baracken, eine Küche, ein Wachhaus und eine Heilstube. Da das Lager mit Stacheldraht eingezäunt war und draußen Wachposten stationiert waren, konnten sich die Gefangenen nicht frei bewegen.[14]

Als Toilette diente ein Balkengerüst. Die einzige Zapfstelle für Wasser war in der Küche, zu der die Gefangenen keinen Zugang hatten. Geschlafen wurde in den Baracken auf Pritschen. Es gab keine Strohsäcke, keine Kopfkeile und keine Decken. Als einziger Schutz blieb Herr N. sein alter Arbeitsdienstmantel, mit dem er sich auch nachts zudeckte. Besonders schlimm war es für ihn, wenn es tagsüber geregnet hatte und er nass und kalt von der Arbeit kam und nichts mehr zum Zudecken hatte.

11 Haus der Geschichte der Bundesrepublik Deutschland (Hrsg.), S. 63
12 Sauermann/Brockpähler, S. 97
13 Haus der Geschichte der Bundesrepublik Deutschland (Hrsg.), S. 64
14 Interview N., S. 24 ff.

In den Baracken zog es, da Fenster und Türen undicht waren. Außerdem waren alle Baracken verwanzt. „Und morgens früh, wenn man aufwachte, sah man aus wie ein Streuselkuchen. Überall gebissen. Dann hatten wir auch Läuse, Flöhe, alles, was es gab, hatten wir auch."[15] Wenigstens wurde mit dem Heizen nicht gespart. Es gab große Kohleöfen, sodass die Gefangenen nicht zu frieren brauchten.[16] Direkt neben dem Lager war der Friedhof angelegt. Während der Gefangenschaft hatten die ehemaligen Soldaten keine Privatsphäre. Zu den körperlichen Strapazen und den schlechten Lebensbedingungen kam die psychische Belastung, die bei den Gefangenen Verzweiflung und Hoffnungslosigkeit hervorrief.

IV. Hunger, Krankheit und Tod in den Lagern

Hunger, Krankheit und Tod, hervorgerufen durch fehlende Hygiene und schlechte medizinische Versorgung, gehörten zum Alltag in den Lagern. Arbeitende Kriegsgefangene erhielten im Durchschnitt täglich ca. 600 g wässriges Schwarzbrot.[17] In einigen Lagern kam es zu regelrechten Kämpfen bei der Essensverteilung. Jeder achtete genau darauf, dass er auch das bekam, was ihm zustand.[18]
Es war aber nicht so, dass die Gefangenen „auf Grund einer bösen Absicht" hungern mussten. Vielmehr war es das Bestreben der Sowjetunion, die Gefangenen nicht verhungern zu lassen. Schließlich brauchte man die Arbeitskraft dieser Menschen.[19] Der russischen Zivilbevölkerung ging es zu der Zeit nicht besser. Sie hatte genauso wenig, wenn nicht noch weniger, zu essen.[20]
Die häufigste Todesursache unter den Kriegsgefangenen

15 A.a.O., S. 25 ff.
16 A.a.O., S. 38
17 Karner, S. 64
18 Sauermann/Brockpähler, S. 219
19 Karner, S. 86
20 Bach/Leyendecker, S. 94

war auf Grund der geringen und einseitigen Verpflegung die Unterernährung.[21] Unterernährte Menschen leiden unter chronischer Ermüdung, Gedächtnisstörung, Euphorie, Fantasien und Geschäftigkeit. Herzbeschwerden und Flecktyphus waren weitere häufige Todesursachen.[22]
Die Sterberate unter den Kriegsgefangenen war vor allem 1943 sehr hoch, da die Sowjetunion auf den starken Zuwachs von Gefangenen nicht vorbereitet war.
In dem Lager, in dem Herr N. untergebracht war, bekamen die Kriegsgefangenen pro Tag ca. 400 g nasses und pappiges Maisbrot, ein wenig Suppe und einen Viertel Liter Tee zu trinken. Einmal pro Woche bekamen sie auch Sprotten, das sind kleine, salzige Fische. Da die Gefangenen aber nur 1/4 Liter Tee zu trinken bekamen, hatten sie „keinen Speichel mehr im Mund". Somit waren die Sprotten praktisch ungenießbar. Herr N. behalf sich, indem er ein Stück Blech an einer Seite schärfte und damit dann die Sprotten zerhackte. Mithilfe eines selbstgebauten Holzmörsers zerrieben die Gefangenen die Sprotten danach zu einer Paste. Mit dieser Paste bestrichen sie sich dann dünn ihr Brot, so konnten sie die Nahrung verwerten.[23]
Die meisten Gedanken kreisten somit um den Hunger und ums Essen. Herr N. selbst litt unter Dystrophie und wog nur noch 95 Pfund. Er fing an, z.B. Tabak gegen Brot zu tauschen.[24] Als besonders schönes Erlebnis hat er seinen 18. Geburtstag in Erinnerung, an dem er durch eine Lüge einen Zuschlag Suppe bekam. Man merkt noch heute, wie glücklich ihn dieses Ereignis damals gemacht hat.
Zu der schlechten Verpflegung kam die mangelnde Hygiene und die kaum vorhandene medizinische Versorgung. Da es keine Waschräume im Lager gab, konnten Herr N.

21 Korrekte medizinische Bezeichnung: Dystrophie
22 Haus der Geschichte der Bundesrepublik Deutschland (Hrsg.), S. 63
23 Interview N., S. 26 f.
24 A.a.O., S. 25 ff.

und die anderen Gefangenen des Lagers sich überhaupt nicht waschen. Herr N. erzählt, dass beim Bau der Latrinen einmal ein Zwischendamm brach, sodass er und noch einige anderer seiner Kameraden buchstäblich bis zum Bauch in der Scheiße standen. Auch in solch einer Situation konnten und durften die Gefangenen sich nicht waschen.[25] Medizinisch wurden die Gefangenen überhaupt nicht versorgt. Es gab zwar eine Heilstube, doch Herr N. ist sich noch nicht einmal sicher, ob es dort etwas gegen Durchfall oder Fieber gab.[26] Einmal in drei Wochen kam eine russische Ärztekommission.

Durchschnittlich starb in diesem Lager pro Tag ein Mann. Mitanzusehen, wie „das Lager immer kleiner und der Friedhof immer größer" wurde, hat die Gefangenen innerlich fertig gemacht. Sie hatten ja auch keine Ahnung, wann und ob sie das Lager würden verlassen können.[27] Die Angst zu sterben, Verzweiflung und Hoffnungslosigkeit waren Gefühle, mit denen die Kriegsgefangenen täglich zu kämpfen hatten.

V. Arbeit

Nach dem Krieg hatte die Sowjetunion das Ziel, die Wirtschaft wieder anzukurbeln und die Rüstung und Schwerindustrie zu forcieren.[28] Dazu sollte auch die Arbeitskraft der vielen Kriegsgefangenen genutzt werden.

Zwischen 1943 und 1949 wurden von den Kriegsgefangenen (ca. 2/3 Deutsche und Österreicher) insgesamt 1.077.564.200 Mann-Tage für die Sowjetunion erarbeitet, das sind umgerechnet ca. 38 Milliarden Rubel an geschaf-

25 A.a.O., S. 31
26 A.a.O., S. 31. Andere Zeitzeugen berichten von sehr guten, meist jüdischen Ärztinnen, die auch in aussichtslosen Situationen alles taten, um zu helfen. S. Karner, S. 94
27 Interview N., S. 24 ff.
28 Haus der Geschichte der Bundesrepublik Deutschland (Hrsg.), S. 72

fenem Wert.[29] In den ersten Nachkriegsjahren gab es kaum ein größeres Industrieprojekt, an dem nicht auch Deutsche und Österreicher beteiligt waren.[30]

Anzahl der eingesetzten Kriegsgefangenen in der UdSSR 1946[31]

Einsatzbereiche	Anzahl der eingesetzten Kriegsgefangenen	
	in absoluten Zahlen	in Prozent
Bau, inkl. Straßen und Eisenbahnen	645.532	35,2
Heiz- und Energieindustrie	410.793	22,4
Rüstungsindustrie und Minist. f. Streitkräfte	319.098	17,4
Baumaterialerzeugung und Holzindustrie	247.576	13,5
Metall- und Maschinenbauindustrie	143.044	7,8
Diverse Industriesparten und Landwirtschaft	67.822	3,7
Gesamt	1.833.865	100

Die Gefangenen wurden in vier Arbeitsgruppen eingeteilt:
- Gruppe 1: Gesunde, für schwere physische Arbeiten
- Gruppe 2: leicht und chronisch Kranke, für mittelschwere physische Arbeiten

29 Karner, S. 142
30 A.a.O., S. 143
31 A.a.O., S. 142

- Gruppe 3: Kranke, für leichte körperliche Arbeiten
- Gruppe 4: Invaliden und Arbeitsunfähige, ausschließlich für besonders leichte Arbeiten gedacht.

Um kontrollieren zu können, wie viel die Gefangenen arbeiteten, wurde das so genannte Normensystem eingeführt. Den Gefangenen wurde eine „Norma" genannt, die sie zu erfüllen hatten. Hatten sie diese Norma nicht erfüllt, so wurde ihnen Brot von der täglichen Essensration abgezogen. Dabei kam es nur auf die Quantität, nicht auf die Qualität der Arbeit an.
Aber nicht nur die körperliche Kraft der Kriegsgefangenen wurde ausgenutzt. 1946 wurden bis zu 1600 hochqualifizierte Spezialisten aus den Lagern aussortiert,[32] von denen man Erfindungen, Patente und wissenschaftliche Forschungsergebnisse erwartete. Rund 100 wissenschaftlich-technische Vorschläge wurden für die Volkswirtschaft der UdSSR genutzt.
In den ersten Nachkriegsjahren wurden die Kriegsgefangenen für keine ihrer Arbeiten bezahlt.
Auch Herr N. berichtet von dem Normensystem. Er selbst musste in einem Sägewerk, in der Landwirtschaft (Feldarbeit) und in einer Fabrik arbeiten. Da er keine Uhr mehr besaß, weiß er nicht, wie lange sein Arbeitstag wirklich dauerte. Die Gefangenen wurden frühmorgens geweckt, bekamen ihre Essensration und mussten dann zur Arbeit. Mittags bekamen sie eine kleine Pause. Herr N. meint, dass es vielleicht sechs Uhr war, als sie wieder im Lager waren. Die Arbeitstage waren also sehr lang und für viele war die Arbeit zu schwer. Wenn jemand nicht mehr konnte, kam sofort der Aufseher und der Gefangene bekam einen Schlag mit dem Kolben ins Kreuz.[33]
Für einige Gefangene war der Streik ein Mittel des Wider-

32 Haus der Geschichte der Bundesrepublik Deutschland (Hrsg.), S. 74
33 Interview N., S. 29 ff.

stands.[34] Doch für die meisten war Streik undenkbar. Auch Herr N. sagt, dass ein Streik unter den Kriegsgefangenen zu seiner Zeit unmöglich war.

VI. Strafen

Kriegsgefangene, die beim Diebstahl erwischt wurden, gegen die innere Ordnung verstoßen hatten, Arbeit verweigerten oder versuchten zu fliehen (auch schon das Aufbewahren von Brotrationen wurde als Fluchtversuch gedeutet) wurden meist sehr hart bestraft. Auch das verbreiten „provokativer Gerüchte" oder „faschistische Agitation" und die Aufbewahrung verbotener Gegenstände wie Messer, Gabeln, Rasierklingen und Waffenteile, standen unter Strafe.[35] In kaum einem Lager fehlten die Arrestzellen, in die die Kriegsgefangenen nach solch einem Delikt gebracht wurden. Auf engstem Raum zusammengepfercht bekamen sie dann noch weniger zu essen. Schon ein Aufenthalt von wenigen Tagen hatte gesundheitliche Störungen zur Folge.[36]
Kam es zum Prozess, so wurden die Kriegsgefangenen meistens zu 25 Jahren Aufenthalt in Arbeits- und Besserungsanlagen oder gleich zum Tode verurteilt.[37]
Bei Herrn N. wurde einmal das Stück Blech gefunden, das er zum Zerhacken der Sprotten aufbewahrte. Der deutsche Lagerführer deutete das als Waffenbesitz. „Dann hat er mich runtergeprügelt, bis ich am Boden lag, und dann sollte ich dem Russen vorgestellt werden, mit Waffenbesitz." Sein Glück war es, dass der russische Aufseher an diesem Abend keine Zeit hatte und der Lageführer just am nächsten Tag versetzt wurde. Herr N. musste „nur" eine Nacht

34 Karner, S. 158
35 A.a.O., S. 64
36 Sauermann/Brockpähler, S. 125 ff.
37 Haus der Geschichte der Bundesrepublik Deutschland (Hrsg.), S. 78 ff.

in der Arrestzelle verbringen. „... zwei mal drei Meter. So eine Zelle. Und da saßen schon sieben Mann drin. Ich war der achte (...) Hinlegen konnten wir uns nicht, nur so hocken. So viel Platz hatten wir. Unter der Tür zog es her, durchs Fenster zog es."[38]

Herr N. hatte während der Zeit der Gefangenschaft keine Rechte mehr. Auch die Würde, die eigentlich jeder Mensch von Geburt an hat, wurde den ehemaligen Soldaten abgesprochen. Diese Tatsache war für die Gefangenen nur sehr schwer zu ertragen und zu akzeptieren.

VII. Politische Umerziehung

Die politische und ideologische Umerziehung der Kriegsgefangenen wurde in der „Antifaschistischen Bewegung" („Antifa") durchgeführt.[39] Dabei handelte es sich um Vorträge und Schulungen, bei denen die Teilnehmer für einen Einsatz im Nachkriegsdeutschland vorbereitet werden sollten.[40] Die Teilnahme an diesen Schulungen war nicht verpflichtend, allerdings winkten Vergünstigungen wie z.B. das Aufstocken der Brotrationen oder das Versprechen auf baldige Heimkehr.

Herr N. hat – wie er erzählt – nur die Anfänge dieser politischen Umerziehung miterlebt. Es kamen vereinzelt politisch geschulte Leute ins Lager, aber Vorträge im eigentlichen Sinne gab es noch nicht. Es wurde dann über den Nationalsozialismus geredet, und dass eine Besserung nur über den Kommunismus zu erreichen sei.

VIII. Lagerkultur

Menschen aller Altersgruppen und mit den verschiedensten sozialen Hintergründen waren durch die Gefangenschaft Leidensgenossen geworden. Gekennzeichnet durch

38 Interview N., S. 27 ff.
39 Karner, S. 94
40 Haus der Geschichte der Bundesrepublik Deutschland (Hrsg.), S. 69 ff.

die zermürbenden Bedingungen war es nicht einfach, dem Leben in den Lagern etwas Positives abzugewinnen. Nur langsam entwickelte sich eine gemeinsame Kultur und Freizeitgestaltung. Hart arbeitende Kriegsgefangene waren zudem zu erschöpft, um aktiv am Gesellschaftsleben teilzunehmen.[41]

Herr N. erinnert sich, dass der Jüngste seiner Kameraden vierzehn Jahre alt war,[42] der Älteste war 75. Unter den Gefangenen gab es keinen Zusammenhalt, was das Leben sehr erschwert hat.[43] Vertrauen konnte man sich gegenseitig nicht.

Während seiner Gefangenschaft hatte Herr N. keinen Kontakt zur Heimat, auch Zeitungen gab es nicht.[44]

Ein weiterer Aspekt ist, dass Herr N. und mit ihm alle Kriegsgefangenen nicht wussten, wann und ob sie nach Hause kommen würden.[45] Diese Leere und Ungewissheit konnte Herr N. nur durchstehen, indem er anfing, intensiv über Gott nachzudenken und auf seine Hilfe zu vertrauen. „Da (an einem Abend) hab ich zum ersten Mal bewusst das Vaterunser gesprochen. (...) Und hab mich an meinen Konfirmationsspruch erinnert. (...) Und ich muss Ihnen ganz ehrlich gestehen, von Stund an habe ich innerlich mehr

41 Offiziere wurden in speziellen Lagern untergebracht und duften nur nach einer Verurteilung zur Arbeit eingesetzt werden. Daher entwickelte sich gerade in diesen Lagern eine eigene Kultur. Es wurden Reden und Vorträge gehalten, Konzerte gegeben, Fußballspiele organisiert etc.

42 Dieser Junge war Mitglied der Heimatflak gewesen und wurde in den letzten Kriegstagen zur Verteidigung einer Stadt herangezogen. Dabei geriet er in Gefangenschaft. – Mich hat es sehr mitgenommen und gleichzeitig wütend gemacht, wie die Nationalsozialisten mit dem Leben dieser Jugendlichen umgegangen sind.

43 Interview N., S. 37 ff.

44 Herr N. erinnert sich, dass es manchmal eine russische Zeitung gab.

45 Interview N., S. 34

Kraft verspürt." Diese Erfahrung hat sein Leben stark geprägt und tut es noch heute. Herr N. ist sehr dankbar dafür, den „Weg zu Gott" gefunden zu haben, und insofern hatte „die Gefangenschaft auch noch was Gutes an sich".[46]

Es wurde ein Lagerchor gegründet, der einige Male Heimatlieder vortrug. In einem besonderen Raum haben die Kriegsgefangenen eine deutsche Gebirgslandschaft an die Wand gemalt. Diese kulturellen Tätigkeiten haben den Gefangenen schöne Momente bereitet.

IX. Freilassung

In deutschen Kriegsgefangenenlagern wurden die Gefangenen ermordet, sobald sie arbeitsunfähig waren.[47] Im Gegensatz dazu zeigte sich die Sowjetunion menschlich, indem kranke und arbeitsunfähige Kriegsgefangene nach Hause geschickt wurden.

Herr N. wurde 1946 aus der Gefangenschaft entlassen. Lachend erzählt er, dass er zurück nach Deutschland gebracht wurde, weil er zu „blöde" war. Für ihn erwies es sich als größtes Glück, dass er keinen Schulabschluss hatte und zudem extrem unterernährt war.

Nach einem Jahr in sowjetischer Kriegsgefangenschaft kam Herr N. 1946 als freier Mann nach Deutschland zurück.

C *Persönliche Stellungnahme*

Ursprünglich wollte ich mich mit meiner Facharbeit ausschließlich auf Soester Kriegsgefangene in der Sowjetunion beziehen. Leider habe ich keine Dokumente darüber gefunden, wie viele Soester tatsächlich in Kriegsgefangenschaft gerieten. In einem Soester Jahresbericht, datiert vom 22. März 1948, heißt es, dass sich 358 ehemalige

46 Interview N., S. 35
47 Bach/Leyendecker, S. 97

Wehrmachtsangehörige in Kriegsgefangenschaft befinden, von denen die Angehörigen inzwischen Nachricht erhalten haben. Zurückgekehrt waren zu dem Zeitpunkt 2368 Kriegsgefangene.
Am 11. März 1951 wurde der Verband der Heimkehrer gegründet, der z.B. dafür sorgte, dass eine Siedlung speziell für ehemalige Kriegsgefangene am Römerweg gegründet wurde.[48] Ich hatte gehofft, über den Verband nähere Informationen über Soester in Kriegsgefangenschaft zu bekommen, doch die Nachfrage blieb ergebnislos. Auch im Stadt- und Kreisarchiv konnte ich keine weiteren Informationen bekommen.
Das Gespräch mit Herrn N. hat mich sehr beeindruckt. Es war eine neue Erfahrung für mich, von einem Zeitzeugen Informationen aus erster Hand zu erhalten. In Bezug auf Kultur und Sprache sind Herr N. und ich uns sehr ähnlich. Und trotzdem trennen uns Welten durch eine völlig andere Geschichte.
Die Tatsache, dass Herr N. während seiner Gefangenschaft genau so alt war, wie ich heute bin, hat mich sehr zum Nachdenken gebracht. Ich beschäftige mich heute mit völlig anderen Dingen als er damals.
Herr N. hat mir u.a. auch erzählt, dass er sich heute keine Gewaltfilme mehr anschauen kann. Zum ersten Mal wurde mir bewusst, wie gewaltverherrlichend viele Filme heutzutage sind, und dass es Menschen gibt, die diese Gewalt am eigenen Leib erfahren haben.
Je intensiver ich mich mit dem Thema „Kriegsgefangene“ beschäftigt habe, desto mehr habe ich darüber nachgedacht und dabei vieles gelernt.

Das Foto auf der folgenden Seite zeigt Schachfiguren, die mein Großvater, der in diesem Jahr verstorben ist, in sowjetischer Kriegsgefangenschaft angefertigt hat.

48 Diese Siedlung wurde 1952 gegründet.

Anhang

Gesprächsmitschrift

Interviewer: Anna Flocke (A.), 17 Jahre, Schülerin des Conrad-von-Soest-Gymnasiums
Interviewter: Günter N. (N.), 73 Jahre, Rentner
Ort des Gesprächs: Bei Herrn N. zu Hause, Stadt X, Y-Weg 37
Datum: 10.2.2001
Gesprächsdauer: ca. 2 1/2 Stunden

N.: Läuft das jetzt?
A.: Ja, das läuft.
N.: Können wir es so sprechen, wie wir es für richtig finden?
A.: Ja.
N.: Ja? Nicht irgendwie in ...
A.: Nein, ich hoffe das geht so.
N.: Nicht in Gedichtform?
A.: Ach Quatsch, nein, auf keinen Fall.
N.: So, sehen Sie mal. Das ist jetzt der Weg in die Gefangenschaft. Ein Momentchen. So. Also, ich war, wie gesagt, siebzehn Jahre alt und war in der Obersekunda.
A.: Dann konnten Sie ja die Schule gar nicht abschließen.
N.: Nein, nein. Ich hatte das Einjährige. In der Zeit nannte man sich, nannte man das, das Einjährige, ja, das hatt' ich seinerzeit. Und dann wurde ich zum Arbeitsdienst eingezogen. Vorher kam ich noch in ein Wehrertüchtigungslager. Das war eine Vorstufe zur Wehrmacht, so quasi. Da

wurde man auf den Kriegsdienst vorbereitet. Das hieß ...
A.: Für wie lange denn?
N.: Ja vielleicht drei Wochen, so was, ein Lehrgang, Wehrertüchtigungslager und das ging da sehr, sehr hart her, das muss ich gleich sagen. Wir mussten viel robben und hüpfen und laufen und schießen und ach, was wir da alles machen mussten. Na schön und gut. Und dann, nach diesem Wehrertüchtigungslager kam ich zum Arbeitsdienst. Darf ich Ihnen vom Arbeitsdienst so kurz etwas erzählen?
A.: Ja, ja auf jeden Fall, gerne.
N.: Der Arbeitsdienst wurde seinerzeit, im Dritten Reich, ...
[weitere Mitschrift gestrichen, die Redaktion]

Literaturverzeichnis

Bach, Dieter/Leyendecker, Jochen: „Ich habe geweint vor Hunger". Deutsche und russische Gefangene in Lagern des Zweiten Weltkrieges. Wuppertal 1993
Bald, Detlef, u.a.: Meilensteine des 20. Jahrhunderts. Stuttgart 1978
Haus der Geschichte der Bundesrepublik Deutschland (Hg.): Kriegsgefangene. Sowjetische Kriegsgefangene in Deutschland. Deutsche Kriegsgefangene in der Sowjetunion. Düsseldorf 1995
Karner, Stefan: Im Archipel GUPVI. Kriegsgefangenschaft und Internierung in der Sowjetunion 1941–1956. Wien/München 1995. Band 1
Ploetz, Karl: Auszug aus der Geschichte. (27. Auflage) Würzburg 1968
Sauermann, Dietmar/Brockpähler, Renate: „Eigentlich wollte ich ja alles vergessen ...". Münster 1992

Erklärung

Ich erkläre, dass ich die Facharbeit ohne fremde Hilfe angefertigt und nur die im Literaturverzeichnis angeführten Quellen und Hilfsmittel benutzt habe.
Soest, den 13.3.2001
Anna Flocke

Christoph Rath

Facharbeit

Die Geometrie einer Sprungschanze

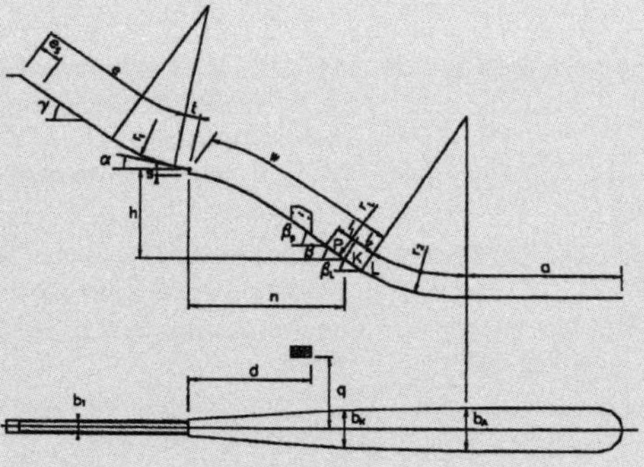

Fach: GK - Mathematik

14. 3. 01

Betreuungslehrer: Herr B.

Inhaltsverzeichnis

[Anmerkung der Redaktion: auf Grund der starken Verkleinerung sind bei den folgenden Grafiken nicht alle Linien gleich gut sichtbar]

Einleitung

Das Thema meiner Facharbeit „Die Geometrie einer Sprungschanze am konkreten Beispiel" ist sicherlich nicht ein Thema, das sofort in die typischen Bereiche des Faches Mathematik fällt. Dennoch kann man hierzu mathematische Rechnungen durchführen, die optimale Werte (z.B. in Bezug auf den Absprungwinkel α) liefern, so dass beste theoretische Voraussetzungen für einen möglichst weiten Sprung gegeben sind.

Die Anregung zu diesem Thema bekam ich durch Fernsehübertragungen vom Skispringen, in denen immer davon geredet wurde, wie der Springer vom Schanzentisch wegkommt.

Bei intensiverer Betrachtung dieses Sachverhaltes wurde das Vorgehen ziemlich schnell klar. Mit Hilfe einer Extremwertaufgabe sollte man die Frage beantworten können, welchen Einfluss der Absprungwinkel α auf die erzielte Weite des Springers hat, wenn sonstige Bedingungen, wie die Absprunggeschwindigkeit v_0 und die Steigung m des Hanges, konstant gehalten werden. Hierzu musste allerdings zuerst die Gleichung für den schiefen Wurf aufgestellt werden, die die Sprungkurve des Springers beschreibt. Da ich in der Jahrgangsstufe 11 das Fach Physik belegt hatte, waren mir noch einige Grundelemente dieses Themas geläufig. Wissenslücken konnte ich durch Arbeit mit verschiedenen Lehrbüchern füllen.

Um die Rechnungen durchzuführen, musste ich mir allerdings ein Modell von der Schanze und den vorherrschenden Bedingungen machen, d.h., Vereinfachungen waren unerlässlich. Um den Schnittpunkt der beiden Kurven (Sprungkurve, Hang) zu bestimmen, musste ja auch eine Gleichung für den Hang aufgestellt werden. Um hier zum Ziel zu gelangen, habe ich den Hang durch eine Gerade angenähert. Ebenfalls musste der Luftwiderstand bei den Rechnungen vernachlässigt werden. Außerdem habe ich nur den Faktor Absprungwinkel untersucht und z.B. physische Fähigkeiten des Skispringers bei der Anfertigung der Arbeit unberücksichtigt gelassen. Anzumerken bleibt noch, dass das Lösen der Extremwertaufgabe ohne weiteres nicht möglich war. Nach langem Überlegen gelang es durch das Benutzen einer Formelsammlung, die trigonometrischen Terme so umzuformen, dass die letztendliche Lösung erst möglich wurde.

Herleitung der Parabelgleichung für den schiefen Wurf

Das grundsätzliche Ziel der nachfolgenden Rechnungen ist es, den Schnittpunkt der Sprungkurve mit der Geraden, die den Hang simuliert, zu bestimmen. Dabei ergibt sich das Problem, dass zunächst die Gleichung der Wurfparabel aufgestellt werden muss, die von α abhängt.

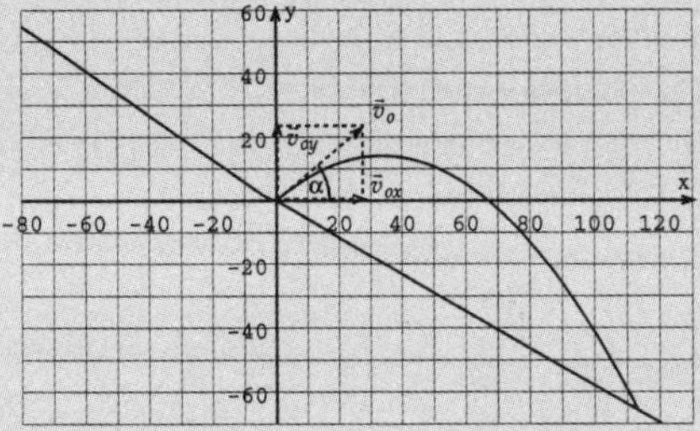

Um bei diesem Problem zu einer Lösung zu gelangen, kann man sich ein physikalisches Prinzip zunutze machen: Es besagt, dass man nicht-geradlinige Bewegungen (z.B. einen Skisprung) in Teilkomponenten zerlegen kann. Man nennt dieses Prinzip daher auch das „Prinzip der ungestörten Überlagerung".

Speziell in dem in dieser Arbeit betrachteten Fall untersuche ich die Bewegung des Skispringers nach dem Absprung vom Schanzentisch. Man zerlegt diese Bewegung in eine horizontale (in x-Richtung) und in eine vertikale (in y-Richtung) Bewegung. Ich nehme an, dass sich der Springer zur Zeit t=0 am Schanzentisch befindet. Den Luftwiderstand vernachlässige ich.

Bei der Rechnung verwendet man die Beträge der Geschwindigkeiten:

v_o ist die Geschwindigkeit zum Zeitpunkt t=0.

v_{ox} ist die Geschwindigkeit in x-Richtung und dementsprechend ist

v_{oy} die Geschwindigkeit in y-Richtung.

g ist die Erdbeschleunigung und ist mit einem Wert von 9,81 m/s² datiert.

Dem Lehrbuch entnehme ich die folgenden Formeln, deren physikalische Herleitung hier nicht nachvollzogen werden soll:

$x = v_{ox} \cdot t$ und $y = v_{oy} \cdot t - \frac{1}{2} g t^2$ [1)]

1) (1) Seite 58

Durch Ausnutzung trigonometrischer Beziehungen am rechtwinkligen Dreieck (s. Zeichnung) für v_{ox} und v_{oy}, nämlich

$v_{ox} = v_o \cdot \cos\alpha$ und $v_{oy} = v_o \cdot \sin\alpha$

bekommt man folgende Gesetzmäßigkeiten:

$$x = v_o \cdot \cos\alpha \cdot t \quad \wedge \quad y = v_o \cdot \sin\alpha \cdot t - \frac{1}{2} g t^2$$

Nun löst man die erste Gleichung nach t auf, setzt diesen Term in die zweite Gleichung ein, so dass man eine Funktion erhält, die nur noch von v_o und α abhängt. (Später werde ich für v_o einen festen Wert wählen und die Funktion somit nur noch von α abhängen lassen.)

$$t = \frac{x}{v_o \cdot \cos\alpha} \Rightarrow y = v_o \cdot \sin\alpha \cdot \frac{x}{v_o \cdot \cos\alpha} - \frac{1}{2} g \cdot \left(\frac{x}{v_o \cdot \cos\alpha} \right)^2$$

$$= \sin\alpha \cdot \frac{x}{\cos\alpha} - \frac{1}{2} g \cdot \frac{x^2}{v_o^2 \cdot \cos^2\alpha}$$

$$= x \cdot \tan\alpha - \frac{g x^2}{2 v_o^2 \cdot \cos^2\alpha} \qquad \text{2)}$$

Bestimmung des Absprungwinkels, für den eine maximale Sprungweite erreicht wird

Die Parabelgleichung, die die Flugbahn des Skispringers beschreibt und mit der man durch Gleichsetzen des Termes mit dem der Geraden, die den Hang simuliert, den Schnittpunkt berechnen kann, lautet also:

$$f(x) = x \cdot \tan\alpha - \frac{g x^2}{2 v_o^2 \cdot \cos^2\alpha}$$

für $0° < \alpha < 90°$

(realistischer Bereich)

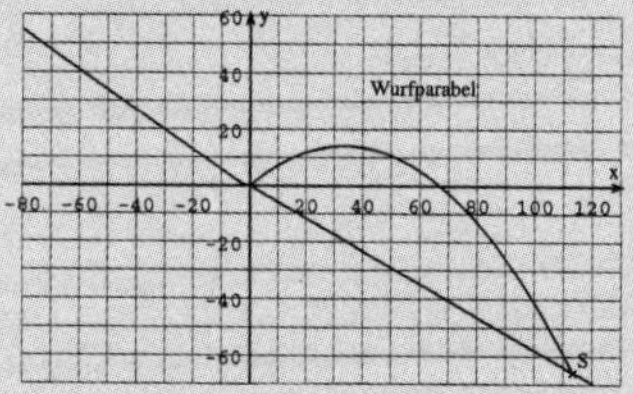

Für die Lösung des Problems ist es sinnvoll, für den Absprungwinkel α den Bereich $0° < \alpha < 90°$ zu wählen, da nur für diese Größe von α die maximale Sprungweite erzielt werden kann.

2) (3) Seite 108

Die Gleichung der Geraden, die den Hang annähert, lautet:

$g(x) = mx \quad , m < 0$

Die Rechnung führe ich zunächst allgemein durch und ersetze die Variable m zum Schluss durch einen errechneten realistischen Wert der Steigung einer Sprungschanze. Diesen Wert bekommt man, indem man den Quotient aus einem y-Wert und einem x- Wert bildet. Doch zunächst führe ich die allgemeine Rechnung durch:

Die Schnittstelle der Flugbahn f mit dem Hang g erhält man als Lösung der Gleichung $f(x) = g(x)$:

$$x \cdot \tan\alpha - \frac{gx^2}{2v_o^2 \cos^2\alpha} = mx$$

$$\Leftrightarrow \quad x \cdot \tan\alpha - mx - \frac{gx^2}{2v_o^2 \cos^2\alpha} = 0$$

$$\Leftrightarrow \quad x\left(\tan\alpha - m - \frac{gx}{2v_o^2 \cos^2\alpha}\right) = 0$$

$$\Leftrightarrow \quad x = 0 \quad \vee \quad \tan\alpha - m = \frac{gx}{2v_o^2 \cos^2\alpha}$$

$$\Leftrightarrow \quad x = 0 \quad \vee \quad x = \frac{(\tan\alpha - m) \cdot 2v_o^2 \cos^2\alpha}{g}$$

Die Weite, die der Athlet erzielt, ist besonders groß, wenn x möglichst groß ist. x wird als Funktion in Abhängigkeit von α bestimmt, wobei die Steigung m und die Absprunggeschwindigkeit v_o fest vorgegeben sind.

$$f(\alpha) = \frac{2v_o^2}{g}(\tan\alpha - m) \cdot \cos^2\alpha \quad , \quad 0° < \alpha < 90°$$

Im nächsten Schritt bildet man die erste Ableitung der von α abhängigen Funktion, um das lokale Maximum und damit das Maximum für x zu bestimmen. Die notwendige Bedingung für die Existenz von Extremstellen lautet: $f'(\alpha)=0$.

Der Term vor der Klammer bleibt beim Ableiten erhalten, da er eine Konstante darstellt. Da die Summanden in der Klammer Produkte sind, muss man diesen Term mit Hilfe der Summen- und der Produktregel ableiten. Zur Ableitung des Faktors $\cos^2\alpha$ verwende ich die Kettenregel.

$$f(\alpha)=\frac{2v_0{}^2}{g}(\tan\alpha-m)\cdot\cos^2\alpha$$
$$=\frac{2v_0{}^2}{g}\left(\tan\alpha\cdot\cos^2\alpha-m\cdot\cos^2\alpha\right)$$

Für die Benutzung der Produktregel verwende ich folgende Faktoren *u* und *v* :

$$u(\alpha)=\tan\alpha \;\Rightarrow\; u'(\alpha)=\frac{1}{\cos^2\alpha} \quad ; \quad v(\alpha)=\cos^2\alpha \;\Rightarrow v'(\alpha)=2\cos\alpha(-\sin\alpha)$$

Als Ableitung erhält man dann:

$$f'(\alpha)=\frac{2v_0{}^2}{g}\left[\tan\alpha\cdot 2\cos\alpha(-\sin\alpha)+\frac{1}{\cos^2\alpha}\cdot\cos^2\alpha-m\cdot 2\cos\alpha(-\sin\alpha)\right]$$

$$=\frac{2v_0{}^2}{g}\left[\tan\alpha\cdot 2\cos\alpha(-\sin\alpha)+1-m\cdot 2\cos\alpha(-\sin\alpha)\right]$$

$$=\frac{2v_0{}^2}{g}\left[1-2\sin^2\alpha+2m\sin\alpha\cos\alpha\right]$$, da gilt: $\tan\alpha=\frac{\sin\alpha}{\cos\alpha}$.

Nach Erreichen dieser Formel ist es zunächst unmöglich, die Rechnung weiterzuführen, da man keine Lösung für die Gleichung bekommt, wenn man den Ableitungsterm gleich Null setzt. Da ich mich noch erinnern konnte, dass man trigonometrische Funktionen oft durch andere Terme ausdrücken kann, habe ich in einer Formelsammlung nachgeschlagen und folgende Gleichungen gefunden, mit deren Hilfe die Ableitungsfunktion wesentlich einfacher auszudrücken war, so dass ein Extremwert bzw. mehrere Extremwerte berechnet werden konnten:

$1-2\sin^2\alpha=\cos 2\alpha \quad , \quad 2\sin\alpha\cos\alpha=\sin 2\alpha$ [3)]

Damit erhalte ich für die Ableitung folgende Gestalt:

$$f'(\alpha)=\frac{2v_0{}^2}{g}\left[\cos 2\alpha+m\cdot\sin 2\alpha\right]$$

Setzt man den Term der ersten Ableitung Null, so ergibt sich:

$$\cos2\alpha+\mathrm{m}\cdot\sin2\alpha=0$$
$$\Leftrightarrow \quad \mathrm{m}=-\frac{\cos2\alpha}{\sin2\alpha}$$ (sin2α wird in dem betrachteten Bereich nicht Null.)

3) (4) Seite 62

Da gilt: $\frac{\cos 2\alpha}{\sin 2\alpha} = \cot 2\alpha = \frac{1}{\tan 2\alpha}$ [4], erhält man für die Nullstellen der ersten Ableitung folgende Bedingung:

$$\cot 2\alpha = -m \quad \text{bzw.} \quad \tan 2\alpha = -\frac{1}{m}$$

Als nächstes wird die zweite Ableitung gebildet, um die Existenz der Extremstelle eindeutig nachzuweisen. Hinreichende Bedingung für die Existenz eines lokalen Maximums ist: $f'(\alpha) = 0$ und $f''(\alpha) < 0$

$$\begin{aligned} f''(\alpha) &= \frac{2v_o^2}{g}\left[(-\sin 2\alpha)\cdot 2 + m\cdot\cos 2\alpha\cdot 2\right] \\ &= \frac{4v_o^2}{g}\left[m\cdot\cos 2\alpha - \sin 2\alpha\right] \end{aligned}$$

Dadurch, dass bei dieser Gleichung ineinanderverschachtelte Funktionen vorkommen, musste hier die Kettenregel angewandt werden.

Nachdem jetzt die Nullstellen der ersten Ableitung und die zweite Ableitung bestimmt worden sind, möchte ich zunächst einmal den Wert -1 für die Steigung m annehmen, da der Winkel α dann leicht bestimmt werden kann:

$$f'(\alpha) = 0 \wedge m = -1: \qquad \tan 2\alpha = 1 \;\Leftrightarrow\; 2\alpha = 45° \;\Leftrightarrow \alpha = 22{,}5°$$ [5]

$$\begin{aligned} f''(22{,}5°) &= \frac{4v_o^2}{g}\left[-\cos 45° - \sin 45°\right] \\ &= -\frac{4v_o^2}{g}\left[\frac{1}{2}\sqrt{2} + \frac{1}{2}\sqrt{2}\right] \\ &= -\frac{4v_o^2}{g}\sqrt{2} < 0 \quad \text{, da } v_o > 0 \text{ und } g > 0 \end{aligned}$$

f hat also für m = -1 an der Stelle $\alpha = 22{,}5°$ ein lokales Maximum.

Eine Randwertuntersuchung ist nicht nötig, da die betrachtete Funktion eine Parabel darstellt, die ihr absolutes Maximum stets im Scheitelpunkt hat.

---

4) (4) Seite 61

5) (4) Seite 61

Anwendung auf konkrete Beispiele

Jetzt kann die Anwendung auf konkrete Sprungschanzen erfolgen. Da sich unser Standort Soest nicht weit entfernt vom Sauerland befindet, liegt es nahe, die Mühlenkopfschanze in Willingen als ein Beispiel heranzuziehen.

Außerdem können zum Vergleich noch Absprungwinkel anderer Schanzen, wie z.B. die Schattenberg-Schanze in Oberstdorf, die Olympia-Schanze in Garmisch-Partenkirchen, die Bergisel-Schanze in Innsbruck und die Paul-Ausserleitner-Schanze in Bischofshofen, berechnet werden.

Der Hang der Mühlenkopfschanze in Willingen ist 59,88 m hoch und 103,3 m [6] lang. Daraus ergibt sich ein Wert für m von - 0,5797.

$$\Rightarrow \quad \tan 2\alpha = -\frac{1}{m} = \frac{1}{0{,}5797} \quad \Rightarrow \alpha \approx 29{,}95°$$

Schattenberg-Schanze:	58 m hoch, 100 m lang,	also m = -0,58	=> $\alpha \approx$ 29,94°
Olympia-Schanze:	58 m hoch, 99 m lang,	also m = -0,5859	=> $\alpha \approx$ 29,82°
Bergisel-Schanze:	55 m hoch, 95 m lang,	also m = -0,5789	=> $\alpha \approx$ 29,97°
Paul-Ausserl.-Sch.:	60 m hoch, 103 m lang,	also m = -0,5825	=> $\alpha \approx$ 29,89° [7]

6) siehe Anlage
7) (5) erste Seite

Zusammenfassung der Ergebnisse

Meine Untersuchungen haben gezeigt, dass der Absprungwinkel neben anderen, hier nicht berücksichtigten Faktoren einen entscheidenden Einfluss auf die erzielte Weite des Skispringers hat.

Man sieht, dass bei allen untersuchten Schanzen ungefähr die gleiche Steigung den Verlauf des Hanges bestimmt. Daraus ergibt sich dann auch eine Konsequenz für die Skispringer. Die Athleten müssen ihre Sprungtechnik nicht für jede Schanze ändern, um den optimalen Absprungwinkel zu erreichen, da der Winkel bei allen Sprungschanzen annähernd gleich ist.

Anzumerken bleibt noch, dass der Schanzentisch (zumindest bei der Mühlenkopfschanze in Willingen) einen Neigungungswinkel hat, und da die Messung des Winkels horizontal stattfindet, heißt das, dass der Springer zunächst den Neigungswinkel „überwinden“ muss. Anschließend wird der errechnete Absprungwinkel addiert. Der Neigungswinkel bei der Schanze in Willingen beträgt ca. 11°. So beträgt der eigentliche Absprungwinkel nicht wie errechnet 30°, sondern vielmehr 41°.

Literaturverzeichnis

(1) Bader, Franz/ Dorn, Friedrich (Hg.): Physik - Oberstufe. Band M (Neubearbeitung). Hannover 1983.

(2) Brenneke, R./ Schuster, G. (Hg.): Physik Oberstufe. 3., verbesserte Auflage. Düsseldorf, Kiel, Braunschweig 1972.

(3) Kuypers, Wilhelm/ Lauter, Josef (Hg.): Mathematik Sekundarstufe II. Analysis Grundkurse. Düsseldorf 1975.

(4) Heise, H./ Wunderlich, H.: Schülkes Tafeln. Funktionswerte, Zahlenwerte, Formeln. 54., neu bearbeitete und erweiterte Auflage. Stuttgart 1977.

(5) Soester Anzeiger, 28. Dezember 2000 (Sportteil).

Erklärung:

Ich erkläre, dass ich die Facharbeit ohne fremde Hilfe angefertigt und nur die im Literaturverzeichnis angeführten Quellen und Hilfsmittel benutzt habe.

Soest, den 14. 3. 01

Lösungen

Übung S. 44

Lösungsvorschlag:

Hitchcock bestätigt im Gespräch mit Truffaut die These, die Geräusche seien „wie eine richtige Partitur behandelt" worden. Und zwar hat er auf die übliche Filmmusik verzichtet, aber „Geräusche", so wie ein Orchester, das die Instrumente stimmt, „den ganzen Film hindurch benutzt". Er hat erst nach Abschluss des Filmschnitts „ein richtiges Tondrehbuch" erstellt, wobei er sich „Rolle für Rolle" den Film anschaute und dann einer Sekretärin diktierte, „was ich jeweils hören möchte". Er hat „Art und Stil bis ins Kleinste beschrieben". Erst waren das die „natürlichen Geräusche", dann kamen die zu seiner Zeit möglich gewordenen „elektronischen Geräusche" hinzu. Z. B. hat er natürliche Geräusche „stilisiert" (verändert, verzerrt, reduziert), „um eine größere Intensität zu erreichen". Es geht ihm um „Entsprechung" zu dem, was gezeigt wird, und um Geräusch, das er – man müsse sich vorstellen, „was sein Äquivalent im Dialog wäre" – wie einen Textbeitrag wirken lassen will. „Auf dem Dachboden wollte ich einen Ton, der dasselbe bedeutete, wie wenn die Vögel zu Melanie gesagt hätten: ‚Jetzt haben wir dich, jetzt fallen wir über dich her (...)' Genau das sagten die Vögel zu Melanie."
Genau so wird sogar Stille hergestellt. Hitchcock: „eine elektronische Stille von einer Monotonie, als hörte man in der Ferne das Meer." Er lässt also „sanfte Töne" herstellen, aus denen man die Stille „heraushören" kann und zwar so, „dass man nicht sicher ist, ob man es hört oder es sich nur einbildet".

Beachten Sie bitte das Beispiel handschriftlicher Notizen am Text auf den folgenden Seiten.

These

Eine Unterhaltung über The Birds *wäre unvollständig, wenn man nicht über den Ton spräche. Es gibt keine Musik, aber die Geräusche der Vögel sind wie eine richtige Partitur behandelt. Ich denke da an eine Szene, die ganz über den Ton läuft: wenn die Möwen das Haus angreifen.*

Ton-Trick

Als ich diese Szene, den Angriff von draußen mit den verängstigten Menschen im Haus, gedreht habe, bestand die Schwierigkeit darin, dass die Schauspieler reagieren mussten auf nichts. Das Geräusch von Flügelschlagen und Möwengekreisch hatten wir noch nicht. Ich hatte einen Trommler ins Atelier kommen lassen und Mikrophon und Lautsprecher aufgestellt, und jedesmal wenn die Schauspieler Schrecken spielen mussten, half ihnen der Trommellärm zu reagieren.

nur Geräusch

Dann habe ich Bernard Herrmann gebeten, den Ton des ganzen Films zu überwachen. Wenn man Musikern zuhört, wenn sie komponieren oder ein Arrangement machen oder wenn das Orchester die Instrumente stimmt, dann machen sie oft keine Musik, sondern Geräusche. Die haben wir den ganzen Film hindurch benutzt. Musik gab es nicht. (...)

Sie haben in Ihren Filmen immer schon sehr viel mit dem Ton gemacht und ihn dramaturgisch eingesetzt. Man hört oft Geräusche, die im Bild keine Entsprechung haben, sondern absichtlich auf die vorhergehende Szene verweisen. Es gäbe Tausende von Beispielen dafür.

Ton-Drehbuch

Geräusche – natürl. / elektron.

Wenn ich den Schnitt eines Films abgeschlossen habe, diktiere ich einer Sekretärin ein richtiges Tondrehbuch. Wir schauen uns den Film Rolle für Rolle an, und ich diktiere, was ich jeweils hören möchte. Bisher ging es dabei immer um natürliche Geräusche. Aber jetzt, mit den elektronischen Geräuschen, muss ich nicht nur die Töne angeben, die ich haben möchte, sondern ihre Art und ihren Stil bis ins Kleinste beschreiben. Wenn Melanie auf dem Dachboden von den Vögeln angegriffen wird, gibt es beispielsweise viele natürliche Geräusche, aber wir haben sie stilisiert, um eine größere Intensität zu erreichen. Wir brauchten eine drohende Woge von Vibrationen, nicht nur einen Ton auf einer gleichbleibenden Höhe, um innerhalb dieses Geräusches eine Variation zu haben, eine Entsprechung zu dem unregelmäßigen Flügelschlagen. Selbstverständlich habe ich mir die dramaturgische Freiheit herausgenommen, die Vögel niemals kreischen zu lassen. Um ein Geräusch gut zu beschreiben, muss man sich vorstellen, was sein Äquivalent im Dialog wäre. Auf dem Dachboden wollte ich einen Ton, der dasselbe bedeutete, wie wenn die Vögel zu Melanie gesagt hätten: „Jetzt haben wir dich, jetzt fallen wir über dich her (...)"

In der Schlussszene, wenn Rod Taylor die Tür aufmacht und zum erstenmal alles voller Vögel sieht, wollte ich Stille haben, aber nicht irgendeine Stille, sondern eine elektronische Stille von einer Monotonie, als hörte man in der Ferne das Meer. In den Vogeldialog übersetzt, bedeutet dieser Ton künstlicher Stille: „Wir sind noch nicht ganz so weit, euch anzugreifen, aber wir bereiten uns vor. Wir sind wie ein brummender Motor. Gleich werden wir anspringen." Das muss man aus diesen ziemlich sanften Tönen heraushören, aber dieses Murmeln ist so zart, dass man nicht sicher ist, ob man es hört oder es sich nur einbildet.[2]

Entsprechung zur Handlung

Geräusche sind wie Dialog

künstliche Stille!

– durch Töne!

Übung S. 92

Lösungsvorschlag 1:

Günstige Voraussetzungen für den Ausbau des „Tourismus als Wirtschaftsfaktor" (so der Titel seines Beitrags) in der 3. Welt sind nach Vorlaufer: günstiges Klima, beeindruckende Landschaften, kulturhistorische Stätten sowie die Exotik fremder Völker. Und alles dies kann dann noch relativ kostengünstig angeboten werden.

Lösungsvorschlag 2:

Vorlaufer sieht angesichts günstiger natürlicher Voraussetzungen und der üblichen Preisvorteile für die 3. Welt eine Chance im Ausbau des Tourismus.

Übung S. 93

Unterstrichenes kann getrost wegfallen:

Sehr geehrter Herr H.,

Sie scheinen davon auszugehen, dass die Leser des von Ihnen herausgegebenen „X-Reports" nicht bis Zwei zählen können. Oder vielleicht sind Sie auch der Meinung, man könne es ihnen nicht oft genug sagen. Jedenfalls stutzt man beim Lesen. Sowohl auf S. 4 wie auf S. 6 steht alles zweimal!! Sie wiederholen sich einfach!! Nicht mit den gleichen Worten, nein: Der Wortlaut ist leicht verändert. Zwar findet man keine direkte Übereinstimmung in den Formulierungen, aber der Inhalt bleibt gleich. Vielleicht gehen Sie davon aus, dass es ja doch keiner lese. Die vorstellbare Haltung der Rezipienten, die Texte einfach zu ignorieren, mag der berechtigte Grund für Ihre Insistenz auf dem immer Gleichen sein. Möglicherweise war Ihnen auch die Puste ausgegangen. Es ist ja durchaus denkbar, dass Sie keine weiteren Texte mehr hatten. Oder haben Sie es selbst nicht gemerkt – waren Sie sozusagen Ihr eigener Ideal-Leser.

Na ja, Wiedersehen denn auch. Tschüss, ne?

Ihr N.N.

Übung S. 94

1. Ein Verhalten, das er beibehalten wollte ...
2. Wie am Anfang bereits erwähnt ... oder: Wie schon am Anfang erwähnt ...
3. Sie schwärmte: „Also das sieht ja ganz gut aus!"
4. Nicht aus sachlichen, sondern aus rein persönlichen Gründen lehnte er den Vorschlag ab! – oder: Nicht aus sachlichen, vielmehr aus ...
5. Das bringt die Analyse zum Vorschein.

Übung S. 95

Lösungsvorschlag:
Ein wesentlicher Aspekt des Hexenbildes ist die Rekrutierung der Hexen, die je nach Region anders vorgenommen wird, aber eines gemeinsam hat: Es geschieht in Form der „Hexentaufe". In deutlicher Anspielung auf kirchliche Taufrituale wird Gott abgeschworen (statt sich ihm zu versprechen), man geht verächtlich mit Geweihtem um, erhält eine Aufgabe (maleficia: Schaden bringen) und wird für diesen Liebesdienst belohnt bzw. besiegelt diesen Pakt mit einem Geschlechtsakt.

Übung S. 97

Lösungsvorschlag:

1. Die Planungen werden ein Jahr dauern.
2. Der Hund ärgert sich, da die Katze verschwunden ist.
3. Die meisten Börsenspezialisten sagen eine positive Entwicklung der Aktienkurse vorher, da sie erwarten, dass die Europäische Zentralbank die Leitzinsen senken wird.
4. Ich kam, ich sah, ich siegte.

Übung S. 98

Lösungsvorschlag:
Die Erinnerung an die Kriegsereignisse nahm die Interviewte stark mit. Sie brach in Tränen aus, als sie die Bombardierung ihrer Stadt durch die Alliierten in der Nacht des 5. April 1944 schilderte, als Soest für Stunden in Flammen stand. Wie man heute weiß, wurden über 40 % des Stadtgebiets in Schutt und Asche gelegt.

Übung S. 101

Lösungsvorschläge:

1. Satz – zwei Versionen:

- Der Text zeigt eine Idylle auf eng begrenztem Raum.
- Der Text zeigt eine begrenzte Idylle.

2. Satz:

Der Schüler ist der Meinung, dass der Lehrer ihn mit Wissen vollstopft, um ihn zu schikanieren. Aber er übersieht dabei, wie notwendig es ist, viel zu lernen!

3. Satz – Es gibt verschiedene Möglichkeiten, den verkorksten Satz auszulegen:

- Der Leser kommt zu der Meinung, dass er vielleicht etwas anderes werden kann als seine Eltern.
- Der Leser kommt zu der Ansicht, vielleicht könne er doch den beruflichen Werdegang einschlagen, den seine Eltern ohne Erfolg gegangen sind.
- Der Leser gelangt zu der Überzeugung, er könne, was er beruflich anstrebt, vielleicht doch besser schaffen als seine Eltern.

Literaturverzeichnis

- Beyer, Susanne: „Kopieren geht über Studieren". In: Der Spiegel 15/2000, S. 70-72.
- Hickethier, Knut: Film- und Fernsehanalyse. 2. überarbeitete Auflage. Stuttgart 1996.
- Kamp, Werner/Rüsel, Manfred: Vom Umgang mit Film. Berlin 1998.
- Klösel, Horst/Lüthen, Reinhold: „Die Facharbeit – ein wichtiges Element in der gymnasialen Oberstufe". In: Praxis Deutsch 164/2000, S. 62-67.
- Kolossa, Bernd: Methodentrainer. Arbeitsbuch für die Sekundarstufe II – Gesellschaftswissenschaften. Berlin 2000.
- Landesinstitut für Schule und Weiterbildung (Hg.): Empfehlungen und Hinweise zur Facharbeit in der gymnasialen Oberstufe. Bönen 1999.
- Niederhauser, Jürg: Die schriftliche Arbeit. Ein Leitfaden zum Schreiben von Fach-, Seminar- und Abschlussarbeiten in der Schule und beim Studium. Literatursuche, Materialsammlung und Manuskriptgestaltung mit vielen Beispielen. 3., völlig neu bearbeitete Auflage. Mannheim, Leipzig, Wien, Zürich 2000.
- „Oral History": Themenband der Zeitschrift *Geschichte lernen*, 76/Juli 2000.
- Reiners, Ludwig: Stilfibel. Der sichere Weg zum guten Deutsch. 31. Auflage, 2001. München 1951.
- Rohdenburg, Günther: „Archiv. Verstaubt sind nur die Regale". In: Dittmer, Lothar/Siegfried, Detlef (Hg.): Spurensucher. Ein Praxisbuch für historische Projektarbeit. Weinheim und Basel o.J., S. 36-49.

Checkliste

Von der ersten Idee zur Präsentation – ein Raster zum Abhaken

Kopieren Sie diese zwei Seiten, vergrößern Sie sie dabei. Hängen Sie Ihre Checkliste an einen gut sichtbaren Ort, die Pinnwand, die Kühlschranktür...

	Termin	**erledigt?**
Ideensammlung		
Entscheidung für ein Thema		
Eingrenzung, Konkretisierung		
Absprache mit dem Beratungslehrer/der Beratungslehrerin		
Formulierung des Themas		
Konzept		
Arbeitsplanung		
Absprache mit dem Beratungslehrer/der Beratungslehrerin		
Besorgung von Material für den ersten Überblick		
Literatur-Recherche		
Überlegungen zur Methode		
Vorbereitung der methodischen Arbeit		

	Termin	erledigt?
Absprache mit dem Beratungslehrer/der Beratungslehrerin		
Arbeit am Ort/Arbeit am Material (dies ist der Kern der Arbeit, das eigentliche „Forschungsvorhaben“ inkl. Auswertung)		
Gliederung		
Erstellung der Rohfassung		
Absprache mit dem Beratungslehrer/der Beratungslehrerin		
Überarbeitung		
Reinschrift		
Zusammenstellung aller Materialien der Arbeit		
Abgabe		
Präsentation der Facharbeit		

Stichwortverzeichnis